調教你職場伙伴

黃仲遠 主編

管好老闆到下屬的
22 個心理致勝實錄

萬里機構

序言

　　可能，是香港的工業及組織心理學（Industrial and Organizational Psychology，簡稱 I/O），有史以來，第一次。

　　由 19 位擁有商業經驗的註冊工業及組織心理學家，將有心理學實證支持的技巧及方法，應用於辦公室人際關係及事情處理的層面上，一次過綜合在這本書裏。

　　工業及組織心理學，有點像孫子兵法。甚麼瞞天過海、借刀殺人、拋磚引玉、聲東擊西，指桑罵槐等等計策，在現實生活中，你肯定有聽聞過，甚至用過，但未必人人知道，它們都是出於《孫子兵法》的三十六計。大家每日上班，應付老闆、催迫下屬、面對同事、處理客戶，當中所運用的溝通技巧、領導技巧、激勵技巧、管理技巧、客服技巧等等，其實不少都是出自工業及組織心理學的概念及方法。

　　大家為事業打拼時，怎樣計劃自己事業、怎樣面試獲聘、怎樣與同事混熟、怎樣跟人圓滿合作、怎樣推薦新方案、怎樣精彩演繹、怎樣成功說服上司、怎樣招聘優秀人才、怎樣激勵同事上進、怎樣幫同事變好、怎樣公正評審工作表現、怎樣有理判斷誰人加薪、怎樣有據決定誰人升職、

怎樣自如應付工作壓力，怎樣從挫敗中快速反彈⋯⋯林林總總，每分每秒，都是工業及組織心理學。這是一門每人每天至少 8 小時也在運用，卻沒有積極關注深入研究的學問。

工業及組織心理學，於 1945 年被納入於美國心理學會第十四學部，於 1982 年正式成立學會，而香港的工業及組織心理學部則於 2000 年成立，至今 21 年；正式在官方心理學家名冊上登記的註冊工業及組織心理學家，不足 100 人。在香港，這不是一門新的學問，但肯定，這是有待積極推廣的、深入發展的，充滿潛力的一門學問。

希望這一本書，可以作為一個窗口，讓從未接觸過這門學問的人，開始認識、感到興趣、積極學習，甚至最終成為我們一份子。

主編 黃仲遠

香港心理學會常務委員會委員

目錄

第 2 章　老闆篇

第 3 章　同事篇

第 4 章　下屬篇

緒論

香港職場橫切面

撰文 黃仲遠

香港的工時長是舉世著名，我們對返工的熱愛，那團火連 10 號風球都吹不熄，這普遍體現了在港機構的實際組織文化，就是令世人嘖嘖稱奇的「返工慾望」！

0.1 甚麼是 I/O 心理學？

I/O 心理學，坊間有稱它為「企業心理學」或「職場心理學」，其實正名是「工業及組織心理學」（Industrial & Organizational Psychology）。這學問是從心理學角度，研究人類在職場及機構的行為，從而解決員工個人及機構的問題，當中包括組織發展策略、員工招聘及選拔、培訓及教育、表現評核及獎罰、組織文化、工作與生活融合、顧客行為表現和人體工程學等。其中涉及的知識及技巧綜合了心理學、管理及領導學、人力資源學、社會心理學、社會及人類學、消費心理學和人體工程學等。目的為增強個人工作表現和滿足感，以及提升組織的生產力。

要返工，就要 I/O 心理學

只要你返工，不論是老闆，還是下屬，都逃不出 I/O 心理學的五指山。

- 當你點擊進入求職網站，看到你有興趣的職位空缺，廣告上所寫的招聘要求，哪個才是最重要？

- 當你編輯履歷時？你知道履歷是測試甚麼的嗎？面試其實又是想觀察甚麼？考核甚麼？

- 選拔時，你也可能需要面對各式各樣的心理測評，甚麼是性格測試？能力傾向測試？情景判斷測試？情景模擬測試？它們又是測試甚麼的呢？

- 終於受聘，踏入公司，進入自己部門，首次與老闆、同事及下屬見面，應該怎樣與老闆相處？應該怎樣與下屬相處？

- 遇上霸道的老闆，應怎麼跟他合作？遇上想法天天都多的老闆，又如何自處？

- 跟卸膊的同事合作時，怎樣可以令他們承擔自己的責任？部門有個是非精，要跟他打關係嗎？

- 老闆要創新思維，偏偏你的下屬是一群「老海鮮」，怎樣可以令他們鹹魚翻生？

- 應付老海鮮之餘，又要面對世代之爭，應該怎樣管理新一代年輕下屬？怎樣令他們發揮所長？

- 日日做到無停手，有返工無放工，怎樣可以抵受巨大工作壓力？怎樣可以避免成為職奴？

以上種種，皆是 I/O，工業及組織心理學的範疇。

0.2 一門每日應用 8 小時的學問

每天 8 時上班，8 時下班，工作足足 12 小時。委派了工作，死線未到，便急着問同事完成工作了沒有。中午放飯時，總是匆匆忙忙，用 15 分鐘左右，狼吞了他的午飯。跟國內供應商談判時，總是分秒必爭，寸土不讓，一分一毫，力爭到底，是真正的一分一毫差距，也不放過。下班後，他仍不停發短訊、發電郵給同事，提點未來數天的工作攝要及行動，有需要的話，奪命追魂來電，毫不猶豫，絕無歉意。請你來猜猜，上文中的「他」是哪個地方的人？

 組織文化與員工的關係

答案是：他，來自以浪漫著稱的地方，一位來自巴黎的法國人。

你可能會說，這是性格使然吧，也許有點，但看來大部分不是。他其實是我其中一個，進行 1 對 1 高級管理人員教練的學員，他從法國總部調派過來，本身經驗豐富，也是公司明日之星，被認為是法國總部同事中，工作進取且效率極高的一名。來到香港分公司後，發現同級的管理人員，行路快過自己跑步，一人身兼數個工作項目；午飯時，又飛快買個飯盒回辦公室，進

房，對着電腦，繼續工作。覺得自己趕不上他們的效率，於是調節自己的工作及管理方式，加強對自己、對同事、對供應商的壓迫力，以求趕上甚至超越同儕的效率。

先不說他的行為對與不對，但明顯地看到公司的整體文化，以及地方的工作特色，怎樣影響個人的工作風格及表現。這個例子亦可看到組織本身的原有文化，會受到所在地方的核心價值及處事風格而調整，甚至改變。

三　行為反應隨情境而轉變

有一個追蹤式研究發現，一對同卵雙胞胎雖然在同一個家庭環境成長，但各方面的個人特點均有顯著的分別。性格是其中一個原因，它令雙胞胎面對同一環境或事件時會有不同的詮釋及反應。另一個原因是外在環境，雙胞胎面對的大環境如家庭或學校可能相差不大，但實質上面對的小環境，如家人之間的互動，甚或當中的次文化，如他們與工人姐姐及與同學的相處等則可以大相逕庭。故此，一個人的成長和轉變，除了個人因素外，外在環境肯定是必不可少。

早期心理學，研究的重點多放於個人變化上，所以環境對人的影響不時被低估。可是，人的主觀經驗卻告訴我們，在不同環境下，同一個人的行為反應可以是因境而異。所以情境主義慢慢受到重視，心理學家不單研究個人變化，更開始去了解人怎樣暫時性或長期性地受環境而影響行為，甚至價值觀。

工作間塑造你的價值觀

　　隨着人需要擔任的角色越來越多，我們不僅是父母的子女或原生家庭的兄弟姊妹，也兼任家長、上司、同事、下屬或同時是其他公司的客戶及服務提供者等，角色多而繁，因而相對的環境也變得越來越複雜。

　　試想想，你的童年怎樣受家庭環境及文化所影響，青少年的你又怎樣受學校及當中發生的事情所影響；至於成年及壯年的你，相信一個影響力最大的環境，肯定是公司。就算你不時轉工或轉行，你的工作行為以致某些待人接物的信念，仍然會因公司這個特定情境而作出行為調整。情況就如你在軍隊中，縱使轉換不同部門，甚或到不同國家的軍隊服役，你總會因參加過軍隊而變得容易服從、紀律嚴謹，團體負責等，而公司對人的影響最恐怖的地方是，時間可以持續三、四十年之久。

 ## 甚麼是組織文化？

　　組織文化就是指一個由共同的假設、價值觀和信念所組成的系統，該系統向人們展示甚麼是該組織適當的和不適當的行為（Chatman & Eunyoung，2003；Kerr & Slocum，2005）。1992 年，心理學家 Schein 認為，組織文化可以由三個相互關聯的層次組成。最深層次是基本假設，這些假設反映了關於人性與現實的信念。第二層乃存在價值，價值觀是共同的原則、標準和目標。最後，是組織文化表面及可見的方面，例如公司擺設及裝潢等。

與員工需有共同願景

組織文化的影響可大可小，可說是任何組織成功的關鍵因素，大量的研究顯示，當組織文化特別強調創造力和創新，有助員工提升創新能力。最普遍的例子就是互聯網及科技公司，他們都是強調創造力和創新，甚至會鼓勵員工創業，資助他們成立新公司。如果公司着重於數量測量的競爭力和穩定性方面的表現，就會提升競爭能力和穩定性。這方面最典型的例子，可能就是舊經濟時代的通用電器。根據一項全澳範圍的調查，創新、穩定和注重獎勵可以預測小型組織的工作滿意度。這個方向，可以給一些初創公司，作為一個建立組織文化的基本參考。

另一個研究發現官僚或等級文化對工作滿意度有負面影響，而以人為本，以團隊為導向，支持並強調訊息的自由流動等良好的組織文化，可以增強工作滿意度。這樣的組織文化，在大機構很難找到，因為機構愈大，結構愈臃腫，資訊流動就自然不夠透明，比較相近的公司例子，可能都是傾向西方的互聯網機構。也有研究顯示，雙文化機構（東西方人均較高的組織文化）比非雙文化機構更能大大提高員工的內在和一般工作滿意度。研究可見，當組織文化的自我身份認同與組織能力相結合時，可直接影響員工的行為，從而改變員工的工作效率、有效度及滿意度。

 三　**解構組織文化的三個層次**

專門研究組織文化的麻省理工學院艾德希恩教授，在他的名著《組織文化與領導》一書中，將組織文化的建立分為三個層次：

第一層：深層基本假設

　　這是組織文化的底層或是最深層，即是組織文化的核心所在。這些深層基本假設，主導組織內所有人行為動機的根本。例如很多在上世紀六、七十年代的機構都有一個假設，認為人與機器沒兩樣，是生產的一部分，所以會不斷榨乾員工。直到八、九十年代開始便有假設上的改變，認為人是機構的重要資產，所以開始着重員工福利與待遇。到近代，知識型社會以及互聯網的興起，令同一個假設又再起變化，認為人是知識及創意的載體，所以資本家與員工的地位趨向較為平等，員工的自主性，慢慢提高，這情況在西方較顯著。這些變化，正體現了深層基本假設怎樣影響整體上的組織文化。

第二層：核心價值觀

　　在價值觀層次的組織文化，通常體現在機構的目標、策略、原則及標準當中。具體點説，就是機構的組織願景，價值及任務，亦即是 VMV（Vision, Mission & Values），同時也可在組織訂定的措施，管理和行政方法與架構發現核心價值觀的存在。可以想像，傳統的銀行業，在管理及監控上非常嚴格，等級制度亦非常明顯。相比下，互聯網公司的組織架構比較扁平，等級制度較弱，着重意見的透明度，資訊交流的速度，故此在監管上沒有那麼嚴謹。這些分別就是組織文化在價值觀的差異上所造成，而表現在架構、制度及措施上。

第三層：表面物質形態

　　這是組織文化的外顯部分，包括一些非常物質性及表面的東西，例如機構商標和口號、機構形象、辦公地點和環境、衣着要求，甚或體現至茶水間用具等等。這些表面物質形態，多多少少揭示了機構的一些重要特徵，對於外部人來講是比較顯然易見的。例如傳統的金融業機構，以顯現它們機構的財雄勢大，辦公地方通常會在該國家的核心商業地段，也喜歡透過大廈的命名權，以彰顯機構高人一等的地位。不信？可到中環各金融中心大廈的高層辦公室看看，要多浮誇，就多浮誇。香港寸金尺土，情況已經算有所收斂，加上近年經濟不景，很多金融機構都遷移到核心商業地段以外的地方，如港島東或九龍東，希望在較便宜的地段繼續奢華。

緒論一香港職場橫切面

三 組織文化的地方色彩

　　組織文化的深層基本假設，通常極受創立者的感染，而慢慢成為機構傳統。另一方面就是該機構所屬行業的要求，而影響其行事的假設及價值觀。當然隨着時間，創立者的精神會逐漸褪色，而行業要求的影響力則會隨之增大。

　　至於核心價值及表面物質形態方面的組織文化，影響最大的可能就是機構所在地的本地色彩，例如人的生活習慣、經濟環境、風土民情，政商環境等等，所以通常大家看到的組織文化，都跟當地的地方色彩，有着非常緊密的關連。事實上，在香港地少人多的環境下，地價樓價超級昂貴，因而減少了機構的奢華性，不是體現在空間上，而是在設計、物件及用料上。

　　那麼在香港機構的組織文化，會有甚麼的地方色彩呢？

0.3 香港組織文化：
效率衍生的生存法則

香港職場，是戰場？香港工時長是舉世知名，2019 年 OECD 全球數據及香港本地數據顯示，香港人平均每星期工作 44.3 小時，比全球僱員平均每星期工作時數（35.96 小時）多出幾乎 10 個小時。以下還有許多血淋淋的數據，值得一看。

不用「急」，最緊要「快」

有種速度，名叫「香港速度」，是一種宇宙級的效率，地球上無地方能及。香港整體社會節奏飛快，最明顯體現到的就是茶餐廳的翻座率。翻座率高則意味該企業能在有限的坪數及營業時間內，提高座位的流動率，從而帶來營利的成倍提升。2018 年，一間本地餐廳集團在招股書上顯示，「Iron Man」茶餐廳門店平均翻座率為 8.4，中國內地店的翻座率則為 2.5，香港門店的翻座率是內地的 3.36 倍；「黯然消魂」茶餐廳的翻座率則高至 17.1，而據聞香港茶餐廳上市鼻祖的翻座率更高達 25 次。

港人「愛」返工？！

香港工時長是舉世知名，2019 年 OECD 全球數據及香港本地數據顯示，香港人平均每星期工作 44.3 小時，比全球僱員平均每星期工作時數（35.96 小時）多出幾乎 10 個小時。

2017 年求職者薪酬報告指出，89% 的香港員工超時工作，其中 75% 沒有領取任何津貼，61% 員工在私人時間需要處理工作，包括回覆 WhatsApp 訊息和電郵。

工作生活的「平衡」和「高質」

美國手機保安技術公司 Kisi 公布，2020 年工作與生活的平衡（Work-Life Balance）城市排行榜，挪威奧斯陸（Oslo）整體評分 100 分，是工作生活平衡最好的城市。香港在多項數據均位列 50 個城市中最差的一批，總評分只有 57.8，於 50 個地區中排第 45 位，排名比 2019 年下跌 10 位。

美世人力資源顧問公司（Mercer）每年公布「環球生活成本指數調查」，香港已由 2018 至 2020 年連續第三年成為企業外派員工生活成本最高的城市。調查比較各城市不同項目的消費水平，香港租住房屋的成本是全球第一貴，小至一杯濃縮咖啡，在香港的價格也是全球第一貴，其次則是北京和蘇黎世。香港一公升汽油的價格亦冠絕全球，約 15.6 港元，超越蘇黎世和倫敦。

這樣的地方特色，會孕育出一種甚麼樣的組織文化？

組織文化的七個範疇

想具體地呈現香港的組織文化，可以用史丹福商學研究生院教授奧萊利的「組織文化分析模型」（Occupational Culture Profile）來加以解釋。他將組織文化分為 7 個範疇，包括：結果主導、創新主導、競爭主導、人本主導、穩定主導、團隊主導和精確主導。

1. 結果主導

這方面，當之無愧，香港組織文化絕對大部分地包含結果主導；即是不論方法如何，過程如何，總之要交到貨。香港打工仔，被各式各樣的核心表現指標所規範，如業務量指標、銷售額指標、銷售金額指標、成本控制指標、客戶服務指標、客戶滿意度指標、流程速度指標、流程標準指標、生產誤差指標、員工能力指標、員工行為指標等等。有趣的地方是指標很多也能夠達到，但往往卻失去了定立該指標的原意，以及該指標項目的意義。

例如客戶服務指標達成，客戶滿意度指標也達成，但服務者沒有開心多了，被服務者也不見得更開心，雙方也知道，「都係搵食啫，唔好打爛人飯碗」，所以種種指標都達到，但可能所有無意義都沒有。當然還有一個最重要的因素，就是香港速度。一切以效率為主，只要快，不要問，速度第一，服務其次。

2. 創新主導

創新方面，不得不承認，就是弱項。無論在任何甚麼全球商業開放度指標或經濟競爭力指標等等排行榜中，香港在創業創意方面，通常倒數前列。在香港，通常稱讚人創新，都是一種鼓勵多於一種讚許。例如稱讚一位，為了目標勇往直前但賺不了錢的藝術文化人，我們會讚他創新，勇敢，開拓新世界，但背後會說，可惜賺不到錢。香港實際型的組織文化，最重視結果，過程不太重要，所以當發現可行方法，通常都不會改變，一直沿用，俗語所謂「食老本」。十多年前，香港的嘟咭付款系

統，舉世創新，十多年後，變為落後全世界，這個就是香港的組織文化，就是沿用已成功方法，不作冒險創新。是香港人沒有創意嗎？

只是香港打工仔的創意，是用在「執生」上，不是在「突破」上。不是沒有創意，是不太鼓勵創意，沒有對錯，是選擇。所以科創行業的發展，一直落後於人，除了配套不足外，與這不無關係。

3. 競爭主導

這裏競爭主導的組織文化是指，機構往往針對主要競爭對手，你不做我做，你做我做更多，甚至會公開或半公開地，指責或貶斥主要競爭對手。情況有點像以前比爾蓋茨時代的微軟與喬布斯時代的蘋果那樣針鋒相對。還記得有一次跟一個運動鞋品牌的機構，在酒店裏進行培訓，當一位酒店員工上台講解場地規矩時，該機構的德國 CEO 突然大叫，「除鞋！除鞋！除鞋！」，回頭一望，發現原來那酒店員工，穿了死敵競爭對手品牌的運動鞋，相信這就是競爭主導組織文化的一個真實例子。不過，因這件事發生在香港，故此，當時那 CEO 是蠻認真要求除鞋，之後還曾向我要求酒店換人，而當時的員工，當然是在嚷着玩，老闆嗌，我又嗌。皆因，競爭主導的組織文化，在香港不常見。

機構與競爭對手之間，縱使暗裏你爭我鬥，要不得對方死，但表面上仍然禮儀之邦，得體地相處，很少有這種公開與競爭對手針鋒相對的場面。印象中最明顯的一次，應該是「魔童電訊」，

與「巨人電訊」競爭的時候，就有相類似的情況出現過。因為一個競爭主導的組織文化，需要員工競爭元素入血才成，亦即是要令員工感覺流着機構的血。然而香港打工仔長時間為公司打拼，是因為愛？是因為責任？還是因為窮？你知我知。

4. 人本主導

大家不要誤會，這個人本主導組織文化，意思不是甚麼搞關係，或甚麼建立人際關系之類的文化，而是以人為本的一種態度去做決定，如果一定要用一個詞去形容的話，「人權」可能會比較接近。人本主導的組織文化，着重的是尊重、公平性、個人權利，員工的實質及情緒支持。例如機構是否有 LGBT 的性別及性取向平等措施，或較基本的，是否有支援員工情緒健康的措施。一個有關人本主導組織文化與員工流失率的研究，對象是一批會計公司的員工。比較一些工作為本組織文化的機構，員工在人本主導組織文化的機構工作，平均來說，在職時間會長 14 個月。

在香港，有否人本主義組織文化？有，但肯定不是主流。很多機構都可能有一個財務預算，每年去進行「員工投入度調查」（Employee Engagement Survey），但通常它們做這個調查的目標，都在於改善公司營運及管理效率，當中可能也會着重員工間的人際關係和需要，但就很少着重員工的心理健康方面（Mental Wellbeing），調查可能都包括員工壓力，但相應行動大多非常有限，甚至沒有。而這個員工投入度財務預算，通常都是用來辦社交活動，多於用在針對因工作壓力而導致情緒問題的支援上。

在這方面的發展，香港機構可能比西方國家大概遲了 10 年也不為過。在香港的一些國際跨國公司，如投資銀行等等，他們是有 LGBT 措施，或一些關於員工心理健康方面的支援系統，但是絕大部分的本地或亞洲企業，或者一些在港扎根已久，已全面本土化的國際跨國公司，在這方面的投資，非常有限。上世紀七、八十年代的工業及組織心理學的理論認為工作壓力，是員工本身出現問題，例如他們抗壓能力低，抗壓技巧差等等，香港機構就是跟從七、八十年代這一套，所以它們通常只會向員工提供抗壓力技巧訓練課程，或提供一些輕鬆的社交活動。

其實，近代的工業及組織心理學，已經發現員工因工作壓力而導致的身心健康問題，員工自身只佔很小一部分，更多是因為組織文化、工作氣氛、工作性質及流程和機構的支援缺乏所導致。這需要在公司內部作一些改變，最基本的當然是組織文化上的改變，可惜，在港機構的組織文化裏，這一方面還未成熟，希望在不久將來，它們會設立一個針對員工心理健康的財務預算，專為員工去制定一些對他們心理健康有利的活動及措施。

5. 穩定主導

組織文化模型裏所指的穩定主導，跟我們平時說的官僚主義有點相似，一切根據條例、條款、步驟，程序為行事準則。全世界如是，穩定主導組織文化，通常都會出現在公營或政府機構上，一切已條例及程序為主，口裏雖仍然說着，靈活度重要，身體卻很誠實，一切按本子辦事。原因通常只得一個，害怕背鍋，不論是黑鍋還是白鍋，都怕。這可算是一種，不用內卷而造成的

躺平文化，內卷的過度競爭，導致內耗而造成躺平，但一個完全缺乏及不需要競爭的狀態，其實就是直入躺平的最短路徑。

八、九十年代的香港，經濟起飛，大多數機構都拒絕這種穩定主導的組織文化，因為它會斬殺創意，絕對窒礙機構發展，害大於利。但是在港機構的結果主導文化基因，令到一些發展成熟，已經獲得相當成功的機構，會採取一種穩守態度，沿用成功方案，不再創新，使很多在港機構逐漸推向這種穩定主導的組織文化，再加上近年香港政經局勢的不穩定，員工大都缺乏心理安全感，故會趨向，少說少錯，少做少錯，不做不錯，不說不錯，避免惹是生非，自招災禍。所以看來這種穩定主導組織文化，未來會在本港的企業日趨常見。

6. 團隊主導

團隊主導組織文化，講求合作，在這方面，在港企業，做得不錯。好的地方，不只在於團結，而是在於沒有過度。一般華人社會，人情大過天，在香港的組織文化，亦不例外，但沒有想像中氾濫。在跨國機構負責亞太區工作的時候，不論在亞太區甚麼國家，你都會發現有馬拉幫、新加坡幫、台灣幫、日本幫等，就是沒有香港幫。例如，一個在內地工作的新加坡人，他有可能在招聘上，會偏向招聘新加坡人，原因顯而易見，同聲同氣，容易溝通等等。相類似情況在其他國家的人，你也可以看到，但偏偏如果香港人在外地工作招聘時，很少會有香港幫的概念，他們仍然會以工作適合度及做事效率，作為招聘的準則，所以很少看到香港幫的組成，這沒甚麼好與不好，就是一種現象，就是一

種香港人的工作文化。香港人工作上的團隊精神，着重在效率與成效，不單單以和諧性先行，這不是説，香港打工仔較公平公正或喜歡衝突；識人好過識字，仍然是香港組織文化的其中一條王道，只是，效率入血，成為基因，永遠第一。

這也是香港組織文化可幸的地方，團結不單求和諧，以效率為先，故此未至於團結過度以避免破壞人際關係，而放棄成品或結果質素。這是一個好的現象，因為這就是，專業性，從前的香港如是，未來要看變化了。

7. 精確主導

國際上精確主導的組織文化，着重精確度，着重細節處理，着重品質一致性。很多提供高級服務或生產精細機械產品的行業，都會推崇這種精確主導組織文化，為達到這種組織文化，會應用很多的環節及流程的指定標準，令員工的每一個行為或生產流程的每一個步驟，均做到特定的質素，從而確保產品或服務的品質一致性。國際化都市如香港，在這裏的機構當然也會起用流程指定標準等方法，來確保產品或服務的品質水平和一致性。但執行時，就往往根據香港本土的工作習慣與文化來實行，使精確主導的組織文化，在香港機構體現出來時，有不一樣的面貌。

親力親為管理及做生意理念，很多香港人都認同，因為這跟沿用成功方法的工作習慣相當配合。這種管理方法是一種怎樣的概念？意思是作為管理人的他，曾經成功完成過該項工作，現在

交到下屬手上去處理，但他仍然希望你沿用他的方法，來處理及
完成這件工作。這不是他自己親手去做，但他需要並要求對方，
用他的方法去完成，從而達到猶如他自己做的效果。所以在香港
孕育出來的精確主導組織文化，不單純是一種只由標準引發出來
的模式，因為在滿足流程的標準以外，還要滿足上司的標準。

港式茶記組織文化有多獨特？

　　不同機構當然有它自身的組織文化，但當機構扎根於
香港，融入了香港人工作及管理的一些習慣及文化之後，
就變成一種帶有香港特色的組織文化：速度快、工時長、
工作忙、生活貴，在這種極地的環境下工作，令香港打工
仔及管理人，衍生出一種獨特的港式茶記組織文化—效率
第一，結果先行，人本其次；創意為執生，工作為生存。

　　在港式茶記組織文化的浸淫下，會孕育出甚麼樣的老
闆？甚麼樣的同事？甚麼樣的下屬？我們又應該怎樣應付
他們？作為打工仔的你，要怎樣自處？避免自己成為職
奴？希望你在往後的章節找到答案。

三　參考書目 / 文獻

- Chatman, J. A., & Eunyoung Cha, S. (2003). Leading by leveraging culture. *California Management Review*, 45, 19-34.
- Merchant, K. A., Van der Stede, W. A., Lin, T. W., & Yu, Z.(2011). Performance measurement and incentive compensation: an empirical analysis and comparison of Chinese and Western firms' practices. *European accounting review,* 20(4), 639-667.
- Schein, E. H. (1990). *Organizational Culture.* American Psychologist, 45, 109-119.
- Schein, E. H. (1992). *Organizational Culture and Leadership.* San Francisco: Jossey-Bass.
- Sheridan, J. (1992). Organizational culture and employee retention. *Academy of Management Journal*, 35, 1036-1056.

第 1 章

自我篇

撰文 蔡暉濠
　　 關皓靈

人在江湖，「心」不由已？想看透本身的職業生涯，首先要認識自己。除了種族、膚色等外在因素，亦要從性格、智力、價值觀等內在因素去認清這顆「心」。

1.1 解剖職涯

先解剖自我

工作對我們的生活影響深遠，意義遠超於金錢及供給生活所需。我們每天營營役役，絕少有人有時間（和心靈空間）反思工作對於自己究竟所謂何事；而在力爭上游的背後，我們可以怎樣在工作中重新發現自己，甚至成為更好的自己呢？

層層厚冰底下的「我是誰」

這個世界上活着幾十億人，沒有兩個人是完全一樣的。這不單單是指我們的身高體重、種族膚色等比較「生理性」的因素，也包含一些諸如性格、智力、價值觀等比較內在和「心理」的因素。觀乎此，世界上工種繁多，但沒有任何兩個人接觸同一工種或擔當同一職位時會有相同的做法、反應、思想、情感，以至於對自我、他人，以及公司的影響。以上種種，都與我們自身究竟是一個怎樣的人有關。因此，在了解自己的職業生涯或究竟怎樣才可以在人生路上打拼得穩妥，首要之務就是先認清自己。

如何將冰山劈開

所謂的「冰山理論」，在普及文化中已經被推而廣之，不論你對心理學有多少認識，相信都略有所聞。當然這並不是一個在學術界有大量實證數據支持，而且是具一致性的理論模

型（Theoretical Model）；但對於指導人們認識自我，以及初步觸及心理學的一些概念，實不失為一個適合的開門磚。其中一個最為大眾認知的冰山模型當屬弗洛依德早期提出的潛意識（Subconscious Mind）概念。

此理論的重點指，我們有些意識是可知於自身的，像一座冰山浮在水平面上的部分，是可見的；同時，我們有些意識是不容易知於自身的，像一座冰山潛藏於水平面下的部分，是不可見的（所以叫「潛意識」）。一座冰山，可見的部分少，不可見的反而是絕大部分。同理，一個人清晰的自我意識可能就不外乎那麼一點點清明；埋在心內不可知的反而可能是更多更多。組織心理學的側重點與弗洛依德一派的精神分析相去頗遠，不過我們借用這個比喻，也可嘗試說明關於人生職涯的一二。

你的全部就是一座冰山

想像一座冰山，這座冰山就是你的全部：你的思想、行為、情感，一切一切，都包含在這座冰山裏。冰山浮在水平面上的部分就是其他人（或你自己）易於看見的部分，是外顯的；水平面下的就是不可見，不外顯的部分。

一般來說，只有你的「行為」是外顯的。其他人可以觀察到你做了甚麼、說了甚麼，甚至績效如何；但他們卻看不出（或不一定看得出）你做這些事背後的動機、意圖、傾向、喜歡不喜歡做這些事等。而以冰山為比喻，我們可以知道，這些不可見的部分實在佔我們整個人生的絕大部分，甚至是我們做這些行為的出發點。這些不可見的部分包含我們的性格（Personality）、動機（Motivation）、價值觀（Value）等。

性格：持續性的行為表現

心理學家對於性格有一個看法是：性格是我們「跨時間跨地點持續性的行為表現」。換句話說，我們的性格是透過行為反映出來的，而且這些行為是我們在不同的時和地都普遍會表現出來的。

從生活經驗可知，我們在不同場景，某些表現會略有不同。例如，一般人可能在工作場所比在家中較有禮貌；這並不跟我們的認知構成衝突，原因是我們可視這些行為表現為一個範圍（Range），一個人在某一範圍內可以時高時低，但其普遍傾向理應不變。正如體重，我們的體重每天都會有細微變化，不會長時間停留在一特定數字。但如非有特殊原因，例如刻意控制飲食，這些變化都會被控制在一特定的範圍內。性格也一樣，我們會有一既定的傾向，但在不同情況下可以有些不同。

動機：了解前進的驅動力

與性格相似，動機也是潛藏於一個人內心對其外顯行為影響至深的一個因素。廣義來說，動機可視之為驅動一個人完成某些任務或達成某一目標的力量，簡單來說就是驅動力。

動機必須要有方向性，我們必定是被驅動於追求某一客體或目標；所以任何人的動機都是相對於目標而言。舉例來說，某君可以有非常大的動機去完成任務 A，卻完全沒有動機去完成任務 B。一個人對於一個任務有多少動機去完成，主要視乎內在和外在環境有否足夠驅動力驅使這個人去完成任務。

談到這裏，我們必須釐清一個概念：一般而言，當我們談及動機，我們自然會覺得這是關於一個人自我內在的內驅力，即一個人是否可以自己鼓動自己完成一件事情，但這不完全正確。

內在動機 VS 外在動機

因素	內在動機	外在動機
動力來源	一個人做某件事是基於本身的興趣、享樂或覺得該事有意義。	一個人透過自身以外的因素而取得驅動的動力。
例子	社會新丁為了追尋夢想而放棄高薪的工作而投身慈善組織。	上班族為了金錢而上班；小朋友為避免被父母責罵而溫習。
持久性	一般來說較高。	一般來說影響傾向較為短暫。
備註	內在動機和外在動機是可以互換的。例如一個人若因為內在動機而進行某活動，但若他在進行這些活動的過程中被授予過量的外在報酬，則其內在動機有機會變成外在動機。	

內在動機和外在動機就定義來説都是中性的，在職場上，可以思考的是我們自身的內在動機究竟是甚麼？世上有些甚麼東西是自己希望追求的？又有些甚麼事情是你沒有任何回報都願意追求的呢？

價值觀：內心深處最強烈的影響力

價值觀跟動機其實有點類似，都是一個人行為方向的指引。跟動機不同，每個人的價值觀基本上都是內在的，亦較難受外在環境和因素所影響。某程度來説，價值觀帶來的影響是最強烈的，因為價值觀代表我們立身處世的原則，維繫着我們對自己的身份認同。奈何在茫茫人生路上，有時因為社會和現實的壓迫，很多人都迫於無奈地要做一些跟自己的價值觀相違背的事。久而久之，我們的價值觀被埋藏於心底，久不露面，甚至在繁忙的生活中被遺忘。

若一個人在事業上做的事跟自己最深處的價值觀相符，則事半功倍；反之，則事倍功半。這是很自然的現象，當我們做的事跟我們在水平面下冰山的大部分相符的時候，我們比較願意去做，需要使用的力量也比較少（因為我們不用花心靈的資源來調節自己），做起事來自然得心應手。

　　所以説到價值觀，我們談的不一定就是形而上的事情，價值觀也可以是很實在的，可以視之為資源的最大化運用。抽離一下去想，尋找人生的事業路向其實跟尋找人生的伴侶差不多，勉強自己去配合一個伴侶，對雙方都沒有好處。長遠來説，扮演一個不是自己的自己去覓得一個伴侶也不是一件好事。職場上，我們愈可以做回自己，工作上的事情與水平面下的我們愈加相符，對自身，對公司來説，也是好事。

為誰辛苦為誰忙

回想大學時期，那些年我們有話直說，暢所欲言，IG 面書裏盡是任人 tag 的「騎呢」合照。踏入社會後，因為人際關係，形象需要，我們逐漸變得小心翼翼，思前顧後，以免得罪同事，陷入辦公室政治的無底深淵。回家後，偶爾覺得西裝筆挺處事圓滑的自己累了。反問自己，當初那青澀真誠的自己還在嗎？我還是我嗎？工作中的自己是真正的自己嗎？我可以做回自己嗎？

工作真誠度——我要做回自己

真誠度（Authenticity），又有忠於自己的意思，意指我們的外在行為有多大程度符合真實的自己。這裏的「自己」，可以理解為性格，動機，價值觀。換句話說，就是我們在不同場合表現出來的自己，有多大程度反映自己真實的性情和想法。

在心理學有關真誠度的研究裏，大多與形象管理（Impression Management）和自我監控（Self-monitoring）相關，而很多人對真誠度的理解在於一個人有沒有說謊（誠信度）。從心理學的角度看，真誠度不單涉及誠信度，而是一個人是否在有意識或潛意識裏，作出涉及改變他人對自己想法的行為，從而營造一個「虛假的個人形象」。簡單來說，一個人的真誠度取決於他是否虛偽，有否作出有違自己想法的行為，待人是否坦誠真摯。所以，誠信跟真誠是不同的。

性格特質是先天也是後天

心理學家對於真誠度是先天生成還是後天養成有不同看法，這亦是典型心理學裏不同派別經常探討的問題。研究人格特質的學者認為，真誠度是先天的性格，人類對自我實現的追求；後天養成派別的學者則認為，真誠度取決於環境因素，是一種因應不同情境而產生變化的主觀體驗。例如，有學者發現我們在擔當不同的社會角色時會展現不同的人格特質及不同程度的真誠度感覺。這便解釋了為何我們有一個 working mode、一個朋友 mode、一個家庭 mode、又有一個獨自傷感 mode 等，它們都是我們的一部分，只是在不同場合裏，環境催化我們展現了不同部分的自己。至於這些不同面貌的我們，有多接近我們核心的性格和價值觀，就形成了真誠度的主觀體驗。

真誠度究竟是先天還是後天？其實兩者亦然。因為人的性格傾向會影響我們在情境裏的行為表現。換句話說，一個真誠度傾向較高的人，在不同情境裏所表現的自己會更一致。

性格因特定情境而有調整

將真誠度應用於工作中，我們可以視職場為一個特定情境。作為一個員工／老闆，這是我們在這情境裏的社會角色。在這裏，我們可以將工作真誠度理解為當我們在職場上，我們的行為有多大程度反映我們對工作及待人處事的想法和價值觀。

第 1 章—自我篇

每個人有不同的社會角色，我同時可以是母親、女兒、上司、下屬、朋友，伴侶等。如果就着不同情境我會展現不同mode，這是人格分裂嗎？換個問題，你擔心被同事看到你跟家人的相處嗎？

現實中很多性格傾向測試（Aptitude Test）的問答方式正是因着這個原理而作出調整。例如，有些招聘性格傾向測試會讓應徵者集中設想「在職場而非普遍生活中」會如何回應工作中的情境；而普遍的性格傾向測試會引導應答者思考在「一般生活而非特定情境中」所作出的選擇。這就好比我們喜歡一種顏色，例如白色，我們可能閒時會穿白色的衣服上街，卻未必會穿全白色去參加婚宴，因為我們會因應情境而作出一些行為上的改變，而這與我們是否虛偽無關。

工作中做真實的自己很難得

要量化真誠度，心理學家有不同的方法。之前我們探討過真誠度是一個主觀體驗，所以最直接的方法是讓應答者直接表明他們在特定角色中的真誠感。例如：「你在工作中的日常行為是否反映了『真實的你』？」（通俗點說：「你返工嘅時候有幾覺得自己做緊真正嘅自己？」）

從三個角度理解真誠度

個人認知	行為表現	人際溝通
如果我們連自己的喜惡和價值觀都不了解，莫說我們是否在做真正的自己，因為連自己是個怎樣的人大概也沒有清晰的概念。	一個人的行為有多大程度反映出他真實的想法、動機和價值觀。	與人溝通的透明度，待人是否坦誠、是否容易受他人或環境影響的意思。例如，當你不同意某些事時，你會否因為害怕別人對你的看法而沒有把內心的想法如實說出來。

　　綜觀云云學者對真誠度的定義，我們可以從中歸納三個角度：個人認知（Personal），行為表現（Behavioral），人際溝通（Interpersonal）。大部分量度真誠度的問卷都離不開這三個維度。而研究工作真誠度中最常被引用的問卷調查來自 van den Bosch & Taris（2014）的 Authenticity Measure at Work，學者把工作真誠度分為三個維度：自我疏離、活出真誠和外界影響。他們認為，一個在工作中能做到真實自己的人，首先必須對自己的喜惡、性格和價值觀有充分的了解（沒有自我疏離）；在職場上言行一致，行為反映出真實的性格和價值觀（活出真誠）；並且，不容易受外在環境或其他人影響，不會因為別人的意見或為保持個人形象而改變自己（不受外界影響）。

現在，你可以就着這三個維度來問問自己，你了解自己對工作的看法嗎？你在日常工作中能表現真正的自己嗎？當遇到挑戰和反對時，你會捍衛自己真實的想法嗎？

太自我中心反而影響人際關係

真誠度在正向心理學中被廣泛建立為生命滿意度及幸福感的基礎，跟心理健康、身份認同，個人自信及工作滿意度有正向關係。

從個人角度出發，能夠忠於自己看似百利而無一害。從公司的角度來看，亦希望員工能因為活出個人價值觀而更投入工作。但不要忘記，在職場中你和我都不是唯一一個員工。如果每個人都百分百忠於自己，有話直說，把自己的價值觀放到最前，相信對工作效率和同事之間的人際關係也未必是一件好事。

有趣的是，曾有學者研究真誠表現的不同「風格」，發現不是所有忠於自己的表現方式都有利於心理健康及人際關係。如果我們畫一條線，左手邊的盡頭是「自我中心」，右手邊是「迎合他人」，學者發現傾向「自我中心」和「迎合他人」的真誠表現反而跟個人健康及人際關係有反面關係。這個研究讓我們了解當真誠表現過度傾向以自我為中心，反而會導致不和諧的人際關係。在另一極端，如果我們太在意其他人的需求和看法，則會因為失去個人控制和自主能力而感到困擾。只有剛剛好的真誠與主觀幸福感和人際關係滿意度相關。基於這個研究，亦有説真誠度必須配上適度的人際交往技巧，才能真正為個人和群體帶來正向效果。

小小練習

要了解這些比較內在的人格特徵，大家可以嘗試一個小練習：**問自己 3 次「為甚麼？」**

舉例：今天上司給你一個新工作，你感到有些困擾。

問題 1　為甚麼你會感到困擾？

因為你不喜歡這項新工作，但又不想直接推掉。

問題 2　為甚麼你不喜歡這項新工作但又不想直接推掉？

因為這項新工作涉及你未接觸過的範疇，你雖然很想學習新的知識技能，卻不想花額外時間鑽研如何完成這項新的工作。

問題 3　為甚麼你雖然很想學習新的知識技能，卻不想花額外時間鑽研如何完成這項新的工作？

因為你平日已經十分忙碌，如果要學習新的知識技能，便需要放棄週末的時間來工作。

解釋：透過上述例子，我們理解到，自己對於這情境所感到的困擾來自於它同時抵觸了兩樣自己所重視的東西：個人時間和學習新技能。通過反覆問自己「為甚麼」，我們可以增加對自己的情感，還有導致這情感的價值觀有更深入的理解。

第 1 章｜自我篇

團隊文化對員工真誠度的影響

2015 年，Google 進行了一項歷時兩年的內部研究，這研究旨在找出令團隊高效的原因，通過對 180 個團隊的分析；研究人員發現，真正重要的不是團隊成員的性格，而是團隊成員之間如何合作。當中以心理安全（Psychological Safety）為導致團隊高效的首要原因。

甚麼是心理安全？

心理安全是指個人對承擔人際風險後果的看法，亦可理解為，個人對於團隊是否一個能安全地承擔人際交往風險的地方。在一個心理安全度高的團隊，成員會更願意作出人際交往上的冒險。他們會更有自信地發表自己的意見，不需要擔心團隊裏的其他成員會因為他們的言論，問題或錯誤而忽視或懲罰他們。換句話說，在心理安全度高的團隊裏，成員能感到更安全和自在地表現真正的自己。

想了解自己的工作團隊是否一個心理安全度高的地方，可以嘗試參考以下幾個問題：

1. 成員能否提出和討論具爭議性的議題和棘手的問題？
2. 團隊的成員能否包容不同聲音和意見？
3. 當與團隊成員共事時，你的個人天賦是否得到尊重？

工作意義與使命感

工作意義（Meaningfulness of Work）與生命意義（Meaning in Life）兩者之間的關係十分緊密。所以在我們細述工作意義前，先談談生命意義。學術界近年有不少研究意義的項目，亦為我們帶來了一些共識，其中一個比較有意思的是生命意義的三大維度。

生命意義三大維度

使命感	我們人生中有否一廣泛的使命，是我們自覺可為之奮鬥、貢獻的志業。
重要性	我們自覺自己的人生有否留下一點甚麼，為他人、為小我以外的大我帶來一點點的影響。
可理解性	牽涉到人最深處的認知，但廣義來說則是我們的人生是否 makes sense──在我們生命中發生的事情合理嗎？我們能否解釋在生命中發生的事情？例如，若我自覺是一個好人，但無端患上絕症，看來不 makes sense（當然我們可以不同的方法去解釋這件事，所以不 makes sense 的，換個角度看，也可以變成 makes sense 的）；反之，若我自覺辛勤又聰明，老闆加我人工升我職，就很合理 makes sense 了。

藉着使命感來感受工作意義

　　工作意義會為我們帶來生命意義，而生命意義當中的使命感部分亦是我們能否感受到工作意義的一個很重要因素。在談工作意義的時候，有兩點要特別注意的：第一，工作意義感是一個有多少的概念，而不是一個有或沒有的概念。一個人的工作意義感可以是高或低、較高較低、比較多比較少，但我們傾向不會用有或無來形容工作意義。這個認知有助我們思考怎樣提升工作意義感。第二點，工作意義感跟其他心理學的概念一樣，側重的不一定是外在客觀的狀態（甚或這個所謂客觀的狀態是否存在也是一個疑問），而是個人主觀的認知。所以一個人的工作意義的多寡不一定需要與其他人比較，甚至外人覺得這個人的工作無甚意義，這個人一樣可以覺得自己的工作十分有意義。

工作意義的四大來源

自我（Self）
價值觀、動機、信念

他人（Others）
同事、領導、群體和社群、家庭

工作場景（Work Context）
工作任務、組織使命、財務狀態、與工作任務沒有直接關係的因素、國家／地區文化

靈性生命（Spiritual Life）
個人靈性、神聖的召命

　　以上每一項都可以是一個人的工作意義感的來源。一個人不一定要從以上所有的因素來獲取工作意義感，因為任何一個因素都可以幫助我們取得工作意義。你或會留意到，上述的因素很多都跟我們前文提過的概念有關。這是正確的，有關職場心理的因素着實互為影響，牽一髮而動全身。但這些概念仍然是不同的，而每一個概念都是一個契機，讓我們的工作生涯更加豐盛。

1.3 如何在工作中找到幸福感

他是一個好人，對我亦很好，只是我們未必適合對方。情侶在曖昧期間大多被對方的不同所吸引，但日復一日，亦正因着同樣的不同而讓大家疏遠，這就是我們所謂的「性格不合」，要說得學術一點，我們會稱之為「人與人的匹配度」。

工作愈匹配 歸屬感愈強

個人 —— 環境的匹配／契合（Person-Environment Fit）是工業及組織心理學的基石。研究顯示，當個人與工作環境的匹配度愈高，我們會更滿意和投入工作，對組織更有歸屬感，表現會愈佳，更能體會到工作的意義，離職意向亦會愈低。

舉例說，一個人的技能是否適合需要處理大量數據的職位；性格是否適合從事推銷產品的行業；價值觀是否與公司的使命願景匹配；領導風格是否適合帶領一支精英團隊。當個人特質與客觀環境愈相同，匹配度則愈高。

除了兼容性和相似度，其實匹配度亦視乎雙方是否給予對方所需要的東西。這個匹配度我們稱為需求 —— 供應匹配度（Needs-Supplies Fit），亦可以理解為，企業能否提供你所重視的價值，如經驗、可觀薪酬、晉升機會等；反之，你又是否能夠

提供企業所需要的技能、知識和價值等。如果視這為一場交易，就是公司付出薪酬和培訓來換取你的經驗和技能。只要雙方能提供這交易中對方所需要的東西，匹配度自然就愈高。

基於這個理論，很多時企業面對眾多求職者時，除了個人經驗和能力以外，亦非常看重個人性格和價值觀與團隊，以至組織的匹配度。所以，有說求職的過程跟約會配對（Speed Dating）很相似。明明自己的客觀條件符合職位描述的需求，求職卻遇到阻滯，有時未必因為你的能力不足，更多是因為面試官認為能力以外的其他個人特質未必與團隊最契合，而匹配度亦與本章提及的幸福感有關。

 ## 幸福感可增加工作中的動力

心理學研究大致將幸福感分為兩類：享樂型幸福感或快樂型幸福感（Hedonic Wellbeing）和心盛幸福或生活意義幸福感（Eudaimonic Wellbeing）。前者講求的是生活愉快，去苦得樂，尋求正面使人心情愉快的事物，而幸福的來源是負面情感的缺乏和正面情感的充盈，是都市人在百忙之中比較傾向尋求的「即食」幸福感；後者講求的卻是生活意義的追求，幸福是從意義或生命深層的滿足而來，而這種滿足不一定完全來自基本的正面情感，而是與整個生命的呈現有關。

心理學家 Carol Ryff 提出六大要素以助我們尋索心盛幸福，包括：自我接納、使命感、環境掌控、與他人建立正面的關係、個人成長和自主性；這些不一定就窮盡能幫助我們達致豐盛生命的因素，但這是一個出發點，我們可以從這裏開始思索，生

第 1 章 自我篇

活中有哪部分我們可以加以發展，從而為自己帶來更多幸福感。當然，生命間有苦悶，所有在適當時間，單單尋找快樂感，加油，發力，也是健康的，且能幫助我們繼續走下去。

明智選出職涯路向

我們在職涯發展中，除了有現實的考慮外，也鼓勵大家多想想上文談及個人／環境契合的概念，有被稱為職涯輔導之父的弗蘭克·帕森斯曾經在他的著作中寫出選擇一條職涯路向的五大要點：

1. 選擇職涯比起單純「搵工」更好。
2. 在選擇職涯之先，我們首當進行細致、全面、誠實的自我分析，而同時亦應接受指導。
3. 青年人應當盡可能接觸和認知較多的職業，而不是單單追求一「方便」或跟過往認知相近的職業。
4. 尋求忠告或建議，比不尋求更好。
5. 把想法寫下來，反覆琢磨。

帕森斯個人的職涯事實上也是迂迴曲折、荊棘滿途的。而他的五點建議在現實環境的壓迫下，有些人可能會覺得略顯離地。但這是原則問題，即是說，不論現實環境如何，在職涯規劃上，我們愈可能遵從上述五點意見總比不遵從為好。當然現實環境不一定容許我們這樣做，但在可能的範圍下，我們仍然有空間可以替自己打造一個更好的工作和生活環境。

1.4 升呢再進化——如何成為更好的自己

我們很容易會覺得人生已經走到某一步，實在再難以改變了；又可能會覺得甚麼幸福感、契合度等，概念雖然好，但着實陳義過高。然而，退一步想，每個人其實也有可以「升呢」的空間。

 ## 成功與否終究一念之間

人當然有限制，進化可能也有盡頭。但我們必須正視我們絕大部分人其實也並未窮盡我們自身的可能性。上世紀 90 年代開始，學術界有人提出神經可塑性（Neuroplasticity）這一概念，説明成年人的大腦仍然有學習的能力，具可塑性；不像過去我們所認知的一樣，人腦到了某個年紀，便停止發展。

近年炙手可熱的成長型思維概念某程度上説的也是這件事。成長型思維跟固定型思維相對。兩者基本上都是一個人對自身發展的一種態度。

	成長型思維 （Growth Mindset）	固定型思維 （Fixed Mindset）
特徵	覺得自己仍然可以進步，現在達不到不是不能，只是還未（Not yet）。	覺得自己在某一範疇上已經窮盡了可能性，無法更上一層樓。
結果	會進步全因他們相信學習和練習可以帶來改變，而結果正是如此。	覺得自己不會有進步，是故不學習不練習，那結果當然沒有改進。

書本推介

Make Your Job a Calling

這本書由兩位心理學家所撰，內容談及我們在本章的一些內容，更加重要的，是他們探討了「召命」（Calling）這一議題。Calling 不一定是與宗教信仰有關的。

《讓生命發聲》（*Let Your Life Speak: Listening for the Voice of Vocation*）

這本書探討的是怎樣察知我們內心最最微小的對於職涯的渴望。

What Color Is Your Parachute

說到底，這就像一本「搵工」和塑造職涯的工具書，差不多每年有更新版。

心理檔案
實錄

　　一個下着毛毛細雨的週末，大文（化名）揹起他有點殘破的背包，踏着沉重的步伐離開家門。巴士站有蓋的等候位已站滿候車的乘客，大文只好打開背包拿出他的摺疊式雨傘，默默地等候前往中環的巴士。15 分鐘過後，為了確保背包沒有沾濕而把雨傘盡量往身後靠的大文開始覺得不耐煩。他新買的波鞋開始濕透。大文想打開電話那個巴士 App 看看還要等多久，卻被電話右上角那個小紅圈吸引了眼球。是 21 封未讀的郵件。他開始有點惱怒。

不斷問「為甚麼」

　　為甚麼巴士還未到，大文趕着回公司處理星期五下班後才收到的工作，但要在下星期一上班前交給上司。為甚麼仍在下雨，他的衣服開始濕透，他很擔心背包裏的電腦會因此壞掉，令他未能在星期一前完成工作。「為甚麼今天會收到工作電郵？為甚麼上司週末仍在工作？職場上的升遷機會是否只回報那些在工作以外沒有人生的人？為甚麼我要工作？」……他開始想。「為甚麼我要這麼上心？為甚麼我要這麼辛苦？」……大文愈想愈覺得自己很可憐。為甚麼巴士還未到？

第 1 章－自我篇

「大文！」啊⋯⋯是隔離組的同事。

「為甚麼週末都會碰到同事？」心裏這樣想着的大文瞬間切換成 Working Mode，笑容燦爛地對着這位拖着女朋友的同事打招呼。

「這麼巧！你也去中環嗎？」

「是啊，今天跟女朋友去 Staycation！」

「啊，真幸福，為甚麼他不用工作？」大文心想。

「你呢？」

「我回公司啊！」

「週末都要加班嗎？」

「是啊，沒辦法，有些重要的文件趕着要處理呢！」很想快些結束對話的大文終於等到巴士。

「你們玩得開心！星期一見！」

反思生活的意義

上到巴士，大文找到一個較隱蔽的位置坐下，切換回週末頹廢 mode 的他臉上再沒有任何笑容。他覺得很累，他大概已經耗盡了整天跟人互動所需的能量。他只想安靜地返回公司，在晚飯前完成工作。他只想好好地享受這趟寧靜的巴士時光。打開那電郵 App 右上角還有小紅圈的電話，大文決定暫時不看郵件。他戴上了耳機，打開了下雨天專用的 playlist。「遊玩時開心一點不必掛念我 ⋯⋯」大文頓時覺得很傷感。他心想，「難道真的仍然在呼吸都應該要慶賀。」

分析及應對 🔍

這個情況大家可能都似曾相識，或許某些讀者都經歷過類似情境。大文的經歷與本章談及的概念息息相關。首先，他完全是因外在動機而要在週末回公司加班，他心中一點都不樂於工作。他在工作中也感受不到多少的意義感，更遑論工作能夠供給他幸福感了。他似乎在工作中也未能真誠地表現自己，匹配度也未必太高。他可能甚至有點看不到前路，有點 trapped（陷入困境）的感覺。

抽點時間好好思考職涯路向

長遠來說，大文持續維持這種狀態對個人、對公司都不是好事。對個人來說，他極有可能會出現倦怠（Burnout）的狀況，對生理和心理健康帶來負面影響。對公司來說，員工倦怠不單影響公司整體生產力，也有機會影響團體士氣，甚至公司聲譽。其實大文根本沒有時間好好思考和整理自己的職涯。時間不用太長的。有時候，一個晚上，甚至請一天假，沉澱一下，已經足夠讓我們再次調整到人生的方向，再次得力前行。

這本書不是屬於心靈勵志類的書，也不是工具書，我們在這裏未必能三言兩語就可以解決大文的困境（可能只是表面上的）的方法。但我們想強調的是，本章所談及的心理學概念其實在我們日常生活中經常出現，與我們的人生大有關係。你現在既然有時間閱讀，不如同時也花點時間，思考一下，整理一下思緒，再次調整一下心靈的路向。

小結 別妄自為人生設限

　　很多時候我們努力做人，但結果經常看似事與願違，我們的心情、心靈狀態也大受影響。看似很多事情都在自己控制之外。當然，人生不可能每天都心想事成，的而且確，生命不可控的事物太多。但同時間，我們心內的種種，某程度上我們仍然可以左右一二。但首先我們要認清自己心內的狀態，解剖自己。讀一些有關心理學的書籍，認識一下實證心理學對於某些問題的看法也是一個出發點。本章篇幅有限，但探討的概念頗多，不失為一個局限。但盼望讀者們讀完本章，能對自己的人生和職涯有多一點點的認識，那便十分好了。最後寄語大家，不要妄自為自己的人生設限。機會一直都在，天地仍然廣闊。加油！

 **參考書目／文獻**

- Van den Bosch, R., & Taris, T. W. (2014). The authentic worker's well-being and performance: The relationship between authenticity at work, well-being, and work outcomes. *The Journal of Psychology*, *148*(6), 659-681.
- Goldman, B. M., & Kernis, M. H. (2002). The role of authenticity in healthy psychological functioning and subjective well-being. *Annals of the American Psychotherapy Association*, *5*(6), 18-20.
- Wood, A. M., Linley, P. A., Maltby, J., Baliousis, M., & Joseph, S. (2008). The authentic personality: A theoretical and empirical conceptualization and the development of the authenticity scale. *Journal of Counseling Psychology, 55*, 385-399.
- Van den Bosch, R., & Taris, T. W. (2014). The authentic worker's well-being and performance: The relationship between authenticity at work, well-being, and work outcomes. *The Journal of Psychology*, *148*(6), 659-681.
- Edmondson, A. (1999). Psychological safety and learning behavior in work teams. *Administrative Science Quarterly*, *44*(2), 350-383.
- Heintzelman, S. J., & King, L. A. (2014). Life is pretty meaningful. *American psychologist*, *69*(6), 561-574.
- Rosso, B. D., Dekas, K. H., & Wrzesniewski, A. (2010). On the meaning of work: A theoretical integration and review. *Research in organizational behavior*, *30*, 91-127.

第1章　自我篇

- Brown, S. D., & Lent, R. W. (2016). Vocational psychology: Agency, equity, and well-being. *Annual Review of Psychology, 67*, 541-565.
- Ryff, C. D. (1989). Happiness is everything, or is it ? Explorations on the meaning of psychological well-being. *Journal of personality and social psychology, 57*(6), 1069-1081
- Parsons, F. (1909). *Choosing a Vocation*. New York: Houghton Mifflin. *p. vii-viii.*
- Project Aristotle: https://rework.withgoogle.com/print/guides/5721312655835136/

第 2 章

老闆篇

撰文 伍偉諾　馬志光
何嘉善　趙佩君
陳曉翎

你毋須喜歡或欽佩你的主管，你也不需要痛恨他。但是，你必須要管理他，好讓他變成你達成目標、追求成就及獲致個人成功的資源。

心理剖析壞老闆

職場上，難免會有跟上司衝突的情況，而在每個人心中也可能有一個（甚至幾個）最討厭的老闆，到底世上還存在好老闆嗎？要探討老闆的心理，我們首先要了解每個人的獨特性。本篇所討論的所謂「壞老闆」，並非特指某種類型的人，而是就他們的行為或領導方式，為下屬或公司文化所帶來的一些負面影響而言。每個老闆甚至每個人都有着自己獨一無二的個性特點，因此在分析好／壞老闆時，切記要「對事唔對人」。

化干戈為玉帛始終最好

職場上伯樂可遇不可求，工作生涯流流長，難免總會遇上幾位惡頂上司。既然避無可避，與其抱怨自己懷才不遇，倒不如嘗試了解上司惡頂行為背後的成因和心理動機，找出相處秘訣；在資源有限的環境下爭取想要的支援，例如薪金、事業成就及個人成長目標等，令自己、上司和公司皆有得益，創造三贏局面。

　　正面一點，面對上司惡頂行為就要見招拆招，遇一個，上一課。以下的惡頂行為是否似曾相識呢？

- 要求同事無薪加班，隨時候命，不可以比上司早下班。

- 覺得同事是公司的重要「資產」，你的身、心、時間都是屬於公司，無論何時何地都應以工作行先。

- 做事吹毛求疵，經常要求同事做好十手準備，但是其實有八手都從未面世。

- 「你是老闆還是我是老闆？你無需要知道那麼多！你跟着我的指示做就好，不要問那麼多問題！」這些話經常在上司口裏説出。

- 「我的話計劃非常完美，事情出錯一定是你執行出了問題！你不用再跟進這個計劃了，xxx 你接手整個計劃吧！」

- 平時愛理不理，老闆表揚時厚着面皮爭着邀功，出事時極速割席。

- 凡事按本子辦事，所有決定風險系數為零，稍有風險的任務都不會被核准，奉承「不做不錯」的原則。

2.2 老奉苛刻型老闆
——「上世欠咗佢」?

出份糧等同賣咗身,如何衝破社畜思維的枷鎖,結束被「使到盡」的無期徒刑?老奉苛刻型老闆的行為,猶如「上世欠咗佢」一般,長期以高壓態度要求員工 24 小時候命;一切以公事為先,忽視員工的私人空間而令其失去了工作與生活上的平衡。「工作狂」式的領導,不但對員工要求苛刻,更着重高質量成果,在任何事情也要以公司第一的前提下,員工就如同「賣身」一樣成為公司,甚至老闆全權擁有的「資產」。

♟ 熱愛工作至苛刻程度

老奉苛刻型老闆的常見特徵,包括性格強勢,熱愛工作,並對質量與標準有相當高的要求;獨立自主,任務及成就導向,因重視業績高於人情,較少與他人「打成一片」,看起來比較冷漠,疏於關心員工的需要,傾向公私分明而永遠工作優先。

典型行為表現

- 要求員工隨時候命 On Call 24 小時,沒有「放工」時間。
- 不尊重假期或辦公時間以外員工的私人時間。
- 別人眼中的「工作狂」,並要求員工抱有同樣的工作態度。
- 對成果的質量有着極高、以至於苛刻的要求。

老奉苛刻是怎樣鍊成的？

老奉苛刻型老闆的行為可以是個人的價值觀、性格、以及機構文化的綜合產品。以下將以三個角度分析這些行為背後的原因或動機。

價值觀：重視工作大於享樂

從個人層面來看，價值觀是位於最深層一環以推動人的顯現行為。一個老奉苛刻型老闆傾向認為工作是人生最為重要的意義，遠大於享樂。他們很大程度上是態度認真、專業正規，且重視工作成果的質量，大於過程或其他因素。由於個人不太重視玩樂，他們或許會把享樂為上的人視為不認真或無心工作，因此較不容易尊重他人的私人時間，甚至希望他人以隨時候命的態度來對待工作。

因為人的價值觀會衍生相應的性格，以較受心理學界認可的五大性格量表去分析老奉苛刻型老闆的話，他們普遍傾向於較高嚴謹度、低隨和度的性格。高嚴謹度的個性讓他們對自己或他人的表現都有較高要求。由於他們傾向追求高質量與標準，他們較着眼於細節與工作成果，並視工作為優先選項，甚或是人生的首位。

對這些老闆而言，他們普遍對工作充滿動力和熱情，並通過投入工作使自己從中獲得滿足和意義。因此，他們可能會付出很多努力，甚至超負荷工作，使工作和生活之間失去平衡。本來這不足為過，然而，如果老闆將這些要求與期望訴諸下屬

身上，就會對員工甚至公司文化都可能有負面影響，成為苛刻的「老奉型」老闆。他們可能會要求員工以公事為先，私事為後，在需要的時候，期望員工隨時候命，隨身工作，形成一種高壓甚至「老奉」的風氣，令員工不但工作超負荷，而且更像永無止境，讓工作與生活完全失衡。

性格：欠缺同理心

老奉苛刻型老闆的隨和度也相對較低，欠缺了相應的同理心去設身處地考慮他人感受。對比隨和度高的人，老奉型老闆較少着重利他主義或留意他人的表情線索，也不太具備感同身受的能力。因此，他們傾向以任務導向，着重事情的成果高於過程／員工的需要，與人相處較為冷漠和帶距離感，甚至不介意發表最直接、批判性的評價。結合兩者的特性，他們在要求員工無條件隨傳隨到時，只着眼於自己或公司利益，未必有同理心去意識及反思這些「老奉」的態度與行為，可能會對員工構成影響。

機構文化：獎賞制度及等級制度

在比較有等級及獎賞制度的公司，一位領導的業績或成功的定義可能取決於他有多大程度「鼓勵」下屬勤奮工作。獎賞制度的動力，加上等級制度下的權力，老闆更容易產生由上而下的決定和作出苛刻的期望／行為，硬生生把自己的一套概念或指標壓在下屬身上。所以，公司在不同層面的管理制度對此也會有影響。

舉例說，老闆的 KPI（Key Performance Indicators，即「關鍵績效指標」）是與員工的超時工作時數或業績有直接或間接掛

勾的話，老闆傾向老奉與苛刻的要求，某程度上也將變成他們職位描述的一部分；但如果機構文化是以 OKR（Objectives and Key Results，即「目標與關鍵成果」）為本的管理制度，重視目標和關鍵成果，員工還是可以「由下至上」的提出意見，與整個團隊訂定目標和個性化的關鍵成果。相對起來，OKR 的制度更為敏捷，讓員工的實際行為變得有彈性及商討空間。

有研究指，苛刻與鼓舞人心可能只是一線之差，而那條分界線就在於機構文化與情境因素。如果領導者與其團隊都持有相似理念，例如相近的完美主義，或是為工作而活的工作態度；受尊敬的老闆的苛刻言語或行為，也可能會被看待為正面、改善導向的意見。因此，員工對企業文化的認同和相配度也是很重要的決定因素。

情境：善於應對突發情況

在特有的工作情境下，這種老闆的行為有時也會得到肯定。把員工的付出和努力當為「老奉」當然會讓人難受，但於某些時候，老闆這種把工作放在第一位的態度和對下屬的「訓練」，也許會對解決危急問題很有幫助。當有突發的情況時，老奉型老闆雖然看起來較冷漠，但他們任務導向的本質可能會於緊急關頭發揮作用，不偏不倚地專注完成任務。

更有部分研究顯示，「工作狂」領導的特點與其非凡的驅動力，對企業的表現及效率都有直接或間接的正面影響。老奉苛刻型老闆聽起來好像很可怕，但別忘記每種行為都有利有弊，視乎不同場合和情境而有截然不同的正面或負面影響。

第 2 章 ｜ 老闆篇

♗ 相處秘訣：了解與溝通

由於老奉苛刻型老闆着眼於自己的信念 —— 工作優先，他們未必明白私人空間或是生命中其他因素對他人的重要性。因此，跟老闆溝通並讓他們了解你的性格、工作上的價值與推動力，會讓他們更能有效配合你的工作動機，從而作出相應安排及獎勵；在達到目標和關鍵成果的同時，減少不必要的苛刻要求或期望。

設置工作上的界線

除了跟老闆的溝通以外，與自己心靈對話也同樣重要。當注意到自己的身心狀態「斷線」時，可以反思一下當下的工作量、環境，以及自己和老闆的期望是否處於一個合理的水平，或已在影響自己的精神健康。謹記得每個人都有獨一無二的性格和價值觀，別人認為的「可以」，並不代表自己也能承受。因此，先了解自己的需要，好好觀察與留意自己的身心狀態，從而明白與體諒自己的界限，並設置工作上的界線是不可或缺的。

情況許可的話，在假期時關上電郵的提示，讓自己在實際與心理上同時暫別工作；然而，在緊急任務的壓力下，也許可以靈活地實踐「融合的人生 Work-Life Integration」—— 與其把人生一分為二劃出工作與生活，不如找出它們交集的空間，也算是另一種平衡。又例如，再忙也要空出午飯時間專注進食和休息，就算是短短 15 至 30 分鐘的小休時間，完全放下工作，放鬆心靈，給緊閉的腦袋來個「F5 刷新」，再重新努力。跟自己訂下這些小約定之後，最後一步便是跟老闆溝通，務求達到一個彼此尊重的界線。

　　最理想當然是通過協商，達到互相理解和共識的結果；但如果老闆還是一意孤行，拒絕正視員工的需要或警號，這或許就是個指標和時機去反思工作或公司文化是否適合自己。畢竟心理健康與生理健康同樣重要，有時勇敢迎接轉變，才可給自己機會去尋找一個更適合的位置。

有位在市場營銷界工作的朋友叫 David（化名），自從轉到新公司之後，新老闆的要求與作風使他經常失眠、精神緊張及感到焦慮，影響情緒健康。David 提到老闆要求他 24 小時查看手機 WhatsApp 這指令使他長時間處於高度繃緊狀態，沒有一刻的喘息空間之外，也嚴重影響社交生活。

機不離手的背後

放假時，由於要隨時待機「秒回」，令 David 養成「機不離手」的習慣，甚至猶如強迫症般查看電話通知，直至身邊的人和自己身體發出警號，他才反應過來要正視問題。

他跟筆者討論的時候，一心只想解決情緒的問題，生怕這反映了自己的懦弱無能。然而，筆者鼓勵他肯定自己的工作能力與「秒回」無關；查明自己壓力的來源，是來自高壓控制令正常生活失衡，而非自己能力不足。因此，筆者建議 David 先反思和設置工作上的界線，再跟老闆溝通，才是最治本的方法。通過溝通，他了解到老闆的行為是基於一個信念 —— 要有隨時候命、工作至上的態度，才能確保最高的質量要求。

爭取信任取得平衡

說到底，這種微觀管理或許只是為了達到高質量目標的其

中一種手法而已。故此，David 向老闆解釋自己的工作偏好和承諾，能容納這點自由和自主將可帶來更佳的成果。最後，經過幾次的測試，David 成功讓老闆明白並信任自己在沒有監督和高壓訓練的情況下，也有能力獨自完成高質量的任務，達到工作和生活這兩方面的平衡。

分析及應對

的確，老奉苛刻型老闆是否苛刻難共，很多時是取決於下屬的接受程度。然而，每個人的先天抗壓能力或工作價值觀都有所不同，當中並沒有絕對的標準。而當自己情緒甚至生活已受到直接影響時，希望以上的分析和建議能為你帶來一點安慰、幫助和勉勵，並嘗試以老闆的角度去找到彼此互相尊重的雙贏結局。

參考書目

- Bies, R. J., Tripp, T. M., & Shapiro, D. L. (2016). Abusive leaders or master motivators? "Abusive" is in the eye of the beholder. In *Understanding the High Performance Workplace* (pp. 270-294). Routledge.
- Leduc, C., Houlfort, N., & Bourdeau, S. (2016). Work-life balance: The good and the bad of boundary management. *International Journal of Psychological Studies*, 8(1), 133-146.

第 2 章一老闆篇

2.3 霸道總裁型老闆——愛指揮是他本性

老闆可能有許多種，但最常見又最刻板印象的絕對是霸道總裁型。英語「Bossy」一詞形容人專橫、愛指揮人，可見「老闆」跟「霸道強勢」已被畫上等號。這種老闆令大部分員工提心吊膽，敢怒不敢言。面對霸氣畢露的老闆，要如何相處及自處？在此之前，先來了解一下甚麼是霸道總裁型領導風格、其行為特徵及成因吧。

掌控權力是他的至愛

「叫你做就做啦！」可能是霸道總裁型老闆的口頭禪。I/O 心理學界又稱這種領導風格為威權領導或專制領導，其特點是領導者喜歡掌控全場、說話單刀直入、凡事講求速度與結果。霸道總裁型老闆通常根據自己的想法和判斷做出選擇，不願接受下屬的建議。

典型行為表現

- 控制慾強，要求絕對服從，不容許別人挑戰他的權威。為了保持絕對的統治地位，不願意賦予下屬權力。
- 溝通方式都是自上而下，很少與下屬分享資訊。
- 傾向於刻意忽視下屬的建議和貢獻。
- 非常注重自己的尊嚴。
- 會藉以操縱訊息以保持權力距離的優勢。
- 會在其團隊中作出所有的決策，並要求下屬實現最佳績效，對於表現不佳的員工可能會嚴厲懲罰。

 # 霸道總裁是怎樣鍊成的？

好一個雞與蛋的問題，究竟是先有霸氣，才能成為老闆；還是做了老闆，自然而然產生霸氣？ 對於這個問題，學者為我們提供了詳盡的分析。

個人特徵：對權力有強烈需求

早於 70 年前，學者便開始研究領導者個人特徵和其領導風格及成效的關係。一些學術文章就指出威權領導風格的老闆可能更善於計算、重視個人利益、對權力有更高的需要，並且更以任務為導向。就五大人格特質而言，有相當一致的證據表明威權領導型老闆往往神經質偏高、親和性偏低。

情境因素：為勢所迫所觸發

　　個人特徵很有可能埋下老闆們領導風格的種子，但有時領導風格也可能是為勢所迫，由情境因素觸發及鞏固。霸道總裁型老闆的壓倒性力量就可能在具危機、極不確定或消極的情況下，被視為有效的問題解決方案。有學者指出，在高威脅情況，例如具安全問題的環境或處於時間壓力下，便有可能觸發威權領導行為。業績不佳的公司領導者也更有可能表現出強烈主導型的領導行為。

社會文化：家長式控制

　　有沒有想過你老闆的霸道也是從別人身上學到，而那個人可能是他父親？！有學者指出，威權主義與高權力距離文化（High Power Distance Cultures）關係密切。不難想像，霸道總裁型老闆在亞洲、中東國家尤其常見。威權領導風格體現了重視家族關係、家長式控制和服從權威的文化特徵。

　　以中國為例，在儒家思想的主導下，父子軸是最重要的社會關係，父親在一個家庭中對其孩子和其他家庭成員擁有絕對的權威。中國人由家庭中學到的經驗延伸至其他組織中，稱為「泛家族主義」。把泛家族主義的概念應用到商業組織時，企業領導者就扮演着類似父親的角色，而下屬則扮演着類似兒子的角色。換言之，領導者必須保護與照顧下屬的福祉，下屬就得忠於領導者、服從領導者的指導。成長在這樣的社會、家庭文化下的領導人，可能會被潛移默化，把這種專制的領導方式無形中套用到自己及

團隊上。又或者,即使意識到這種威權領導風格,也因為社會的認可和習以為常,將其正當化。

團隊成員的特質:相信權力的正常

　　高權力距離文化不僅衍生出專制的領導者,還會產生崇尚威權主義的追隨者,特別是在亞洲,威權領導是大多數人期望的領導風格。威權主義追隨者被高權力距離文化薰陶,毫無疑問地遵守其領導人的指示,並相信強大垂直權力的合法性,有可能促進領導者專制領導風格的形成。另外,當下屬經驗不足、表現欠佳、欠缺相當技能時,上司也可能會採用更專權的領導風格。因為他可能認為團隊尚未夠成熟去應付當下的工作,有需要進行較直接的干預和指導,以達成結果並幫助團隊了解完成工作所需的條件。

相處秘訣在於技巧順從

　　了解到霸道總裁型領導風格的性質及成因後,可能你已對這種傲嬌老闆有點改觀,或者心中有數如何應對。以下再提供幾個貼士,讓大家與霸道總裁型老闆相處更得心應手。

並非針對你,避免個人化感受

　　要明白,霸道總裁型老闆的苛刻並不是針對你個人。他們沒有時間,也可能不太顧及別人的感受。他們專注的只有效率和結果,說話直白不粉飾。因此不必把難聽的說話放在心上,更不必視它們為人身攻擊而感到冒犯。記住,反饋不是針對

你作為一個人的內在價值，它只是老闆對事情的看法（儘管未必準確）。給自己一點時間，冷靜下來後，想想老闆的話有沒有可取之處。

易地而處，理解老闆的痛點

要了解一個人，首先要了解他的恐懼。爬得愈高、跌下來就愈痛。因此，很多領導者都對失敗和損失懷有強烈的恐懼，而這種恐懼可能導致他們經常憤怒、情緒爆發。跟你一樣，他們也要應付超載的工作職務、面對着龐大的壓力、並要兼顧更多更廣的事情。這可能解釋了為甚麼霸道總裁型老闆總要求下屬絕對服從 —— 因為他們希望以嚴格的掌控，把風險降到最低，以平息自己的不安。理解到霸道總裁型老闆這個痛點，除了給予一些同理心之餘，也想想你可以做甚麼來減低老闆的恐懼。如果你能夠解決老闆的午夜夢迴和最放心不下的事情，相信你一定會得到他們的感激和信任。

築起台階「比佢威」

面對霸道總裁型老闆，你幾乎不可能改變他們的觀點或既定的想法；所以不要浪費你的時間，公開質疑他們並不會帶來好處。不過這不等於盲從，而是有技巧地順着老闆的風格和思路，爭取你想要的方向或條件。

霸道總裁型老闆愛面子，而且堅信自己的決定，所以他們提出想法時，試着先附和，讓他們覺得你站在他們那邊，更加願意張開耳朵聽你要說的話。當你要表達意見時，與其說「Yes but…」，你應該説「Yes and……」。你可以在他們定下的大方向上，提出實行的細節，讓他們知道你支持他們，並能夠在他們的主意上帶來額外價值。另外，平日表現自信的霸道型老闆有時也會缺乏安全感。當你遵循他們的方法並取得成功時，不妨讓他們知道。心理學告訴我們，人類對於欣賞自己的人，都會不奇然地產生好感。因此，這種舉動不但給足老闆面子，也可能讓他們不自覺地愛上你。

贏得老闆信任

要贏得霸道總裁型老闆的信任，你必須透過實力和成果來説服他。霸道總裁型老闆會確切地讓你知道他們對你的期望以及你需要實現的結果。把時間和精力集中在完成高質量的工作上，以行動證明自己；通過不斷達成高水準的目標和績效，你將會慢慢地獲得他們的信任和尊重，享受更多的自主權，以你喜歡的方式執行任務。

向你老闆學習

霸道總裁型老闆的特點就是夠坦白，直截了當地告訴你哪裏做得不對。如果能夠放下自我，認真面對和思考老闆的批評，可能讓你更快捷地了解及正視自己的不足，快速成長。而且你老闆能夠有今時今日的地位和成就，總有他們可取之處。他們喜歡下達指令，要你按着他們的方式做事。換言之，你就能從中「偷師」，學習他們的思路和透過多年經驗累積得來的精髓、知識和技能。如果你能把個人情感放下，保持開放的學習態度，必定能在他們身上獲益良多。

第2章｜老闆篇

阿明（化名）的霸道總裁型老闆 Dr.F（化名）是一個位高權重的資深醫生，同時亦涉足學術研究，很有江湖地位。他非常能幹，能謀善斷，成就驚人，但他真的是非常「難頂」，團隊裏沒有一個人不討厭他。

過度的控制慾令人提心吊膽

Dr.F 這個老闆是一個控制狂。起初，他只是要知道員工何時上班下班；接着，他要求大家無論何時何地都要立即回覆短訊；後來更進展到要每位同事把自己的工作時間表詳細記錄下來。Dr. F 不容許別人挑戰他的權威，在一次會議上，他批評大家工作效率低，浪費資源在沒意義的事上。「那個工作坊，根本不需要這麼多人手。個個站在這裏，對事情有幫助嗎？」過了一陣子，他問另一位同事為何不來開會，阿明就解釋那位同事去了工作坊幫忙。Dr. F 就發難，認為阿明質疑他的看法。

Dr. F 也很偏執，經常覺得別人，例如合作夥伴要動搖他的地位，或偷取他的工作成果；但同時又認為自己天下無敵，沒了他就不行。因為他的多疑及控制慾，團隊成員都提心吊膽，大家也變得互相猜疑，因他會從不同員工身上打探其他人的工作表現。

捕捉老闆易於溝通的一刻

　　阿明本有辭職不幹的打算，但他因為必須要 Dr. F 的推薦信和相關工作經驗，唯有硬着頭皮撐下去。經過了多次嘗試，他終於捉摸到和老闆的相處之道。因為一次契機，阿明發現原來霸道總裁老闆也有溫柔的一面！那就是當他沒時間壓力，不用趕項目，有心情跟下屬單對單聊天的時候！阿明發現當 Dr. F 關閉霸道模式時，還是挺有善，甚至有同理心；這時 Dr. F 比平常態度較開放，要跟他溝通就容易得多，更可趁機適當地提出少許反饋及個人意見，讓老闆明白自己的立場。

找到同事的正面支援

　　後來阿明又認識了同事 Apple，才驚覺 Dr. F 並非對每位員工都這麼苛刻，Apple 正正是例外。阿明從她身上學到，要得到霸道總裁老闆的信任及器重，必須始終如一地交付優質的工作結果。而且當老闆提出一些貌似無理的要求或任務時，不要立即表現抗拒，先說一些認同的說話，再抱着「Can Do」的心態努力做。跟 Apple 熟絡了後，有時也會透過她的支持，爭取老闆的信任。慢慢地霸道總裁 Dr. F 也開始放下戒心，認同及肯定阿明的能力，並給予相應的自主權。

分析及應對

看到這種，有沒有覺得霸道總裁型老闆其實也不算太難應付？這種領導風格的老闆說話直接、指令明確、情感大開大放、喜惡都清晰寫在臉上，其實不難捉摸。只要你有真材實料、懂得剛柔並濟 —— 既能讓他看到你的硬實力、有主見；又能給他面子，滿足他的控制慾，就能把他乖乖「收服」。相處下來，你可能還會覺得霸道總裁的傲嬌個性有時也挺可愛的。

參考書目 / 文獻

- Harms, P. D., Wood, D., Landay, K., Lester, P. B., & Lester, G. V. (2018). Autocratic leaders and authoritarian followers revisited: A review and agenda for the future. *The Leadership Quarterly*, 29(1), 105-122.
- Kim, S., Tam, L., Kim, J. N., & Rhee, Y. (2017). Determinants of employee turnover intention: Understanding the roles of organizational justice, supervisory justice, authoritarian organizational culture and organization-employee relationship quality. *Corporate Communications: An International Journal*.
- 樊景立 & 鄭伯壎 (2000)《華人組織的家長式領導：一項文化觀點的分析》本土心理學研究, (13), 126-180.

2.4 Ａ型老闆── 有功就邀，有鑊就卸

在老奉苛刻、霸道獨裁的老闆手下幹活或許刻苦，但是總算付出與收穫成正比；職場中最令人氣憤、委屈的莫過於是上司年年加「薪」，而自己只有加「辛」的份。Ａ型上司主要有兩大類：Ａ貨上司及Ａ字膊上司；兩者乞人憎程度難分高低！

♟ 逃避責任是他的強項

Ａ貨上司平時工作愛理不理，安排工作任務時無方向、無內容、無支援，任務成功老闆表揚時會厚着面皮爭着邀功，任務失敗時就會極速割席。

Ａ字膊上司，專長是卸膊，擅長以各種手法逃避自己的責任，轉介到他人身上，讓周圍的人承擔。Ａ字膊上司又分為凡事卸膊型和風險卸膊型。凡事卸膊型上司秉承「大事化小、小事化無」的宗旨，工作對他們來說只是「副業」，他們的其他興趣如炒股才是他們的「正職」；所以下屬最好就無事不要登三寶殿，有事就更加不要上門相求！

至於風險卸膊型上司，做事非常謹慎，凡事按本子辦事，嚴格遵守「少做少錯、不做不錯」的座右銘；但凡有風險的都盡量將責任轉介到他人身上，轉介不了就盡量含糊其辭，避免作出決定或核准計劃，以免計劃出錯時要承擔責任。

- 平時對工作愛理不理，對計劃內容一知半解。
- 當計劃成功，受到老闆表揚時，迅即厚着面皮爭邀功，花式吹噓自己的貢獻。
- 當計劃出現差錯時，第一時間不是嘗試解決問題，而是立即責問團隊並追究責任，極速割席，將責任推得一乾二淨，明哲保身。
- 凡事按本子辦事，避免所有風險，不犯錯凌駕於一切。
- 不時會「搬龍門」，分工時為避免自己要負責更多，對工作職責作出新詮釋和編配；如果對方不同意就提出跟老闆闡明以訂立新準則。
- 習慣「扮工」，花很多精力去營造勤力能幹的形象，但卻把實際工作推諉於人。

價值觀與性格：傾向焦慮，審慎偏高

A 型上司由於對消極情緒，尤其是焦慮較為敏感，難於消化外部壓力、負面後果或老闆的負面評價，更容易處於擔憂、緊張、恐懼的狀態。加上高度的審慎性讓他們在實際行動前深思熟慮，仔細考慮各種可能性的風險，往往越想越怕，不能自拔。為免自己處於這些「失控」的消極情緒當中，不冒險、不出頭，按本子辦事無疑給予他們莫大穩定性和安全感。

另一方面，責任感偏低的 A 型上司對於遵守社會的道德原則及完成自己的道德義務漫不經心；利他主義感偏低亦令其相對自我中心，不願意因為幫助別人而捲入麻煩。所以避免所有風險、

推卸責任，成為了避免承擔負面後果理所當然的選擇。

但是在組織裏不作為很容易被人發現和淘汰，所以 A 型上司得一邊「推卸責任」，一邊積極瞄準老闆建立模範員工，設法用力「扮工」和邀功。

被違背的心理契約

然而，A 型上司又為甚麼會盡量減少投入精力呢？難度「扮工」不累嗎？A 型上司盡量減少投入精力，很可能是因為覺得心理契約遭到違背。心理契約是組織和成員之間一系列的內隱，難以書面化的相互責任期望，是以承諾和感知為基礎的交換關係，形成兩者之間責任和義務的各種信念。

舉例說，上司期望你今晚加班，表示「你的貢獻將會在未來有所回饋」。所以你努力工作，加班就把工作做得盡善盡美。這時，這種隱性的期望便悄悄形成，產生了上司與員工之間的心理契約。然而，當你在年底時發現上司並沒有依約定履行承諾時，竟然晉升那位經常準時下班的同事，但你只得到微薄的加薪幅度時，你產生了強烈被背叛的感受，怒火中燒，此現象稱為「心理契約違背」。

或者你會說，不可能，這明明是我的經歷不是 A 型上司的經歷！不要忘記，你的上司也有他自己的上司，他也是打工仔一名，只是比你高級一點。他處於優越位置「扮工」向你施展推諉術，可能他其實跟你同是天涯淪落人。當員工累積越多心理契約違背的感受，不單會大幅減少有助組織發展的行為，更會增

加做出危害組織行為的傾向。Ａ型上司心裏覺得委屈,「這份工作做又三十六,唔做又三十六,多勞卻無多得,不值得我投放那麼多的精力」,自然放慢手腳,日日「扮工」。

組織文化及環境:問責制

雖然Ａ型上司有他自己的問題,但是可恨之人必有可憐之處,很多時候,Ａ型行為是某些特定組織文化及環境所衍生的副作用。首先,問責制:「欲戴皇冠,必承其重。」想要帶上皇冠,就需要承受它的重量。想要獲得的權利和地位越大,就必須承受更多的責任。問責制和權力密不可分,在權力範圍所出現的事故,都必須有人為其承擔責任。

現代組織引入問責制度,原意是提高各級人員的責任感,期望組織發展得更規範更透明,提高每一位員工的積極性,讓大家更加兢兢業業,努力避免失誤和虧損,期望為組織謀求最大利益。要完善地推行問責制,前提是權責清晰,管理權力配置和劃分合理,並有合理的進退制度。

在各適其適的組織中,權責不清晰最為常見。組織中每一個員工或崗位都應有一份「職位描述」,但職場上事物日新月異,在你還未有時間更新「職位描述」時,就已經被安排負責另一個計劃,團隊中各成員的職責也經常因為資源或者個人發展興趣而頻繁變動。

若果組織執行問責制過於嚴厲,員工會慢慢被養成逃避責任,選擇捨棄權力的文化。Ａ型上司無法摘下王冠,為求自保只

好在分工時「搬龍門」，即對工作職責作出新詮釋和編配，或者把有風險的工作推諉於人，預備好「代罪羔羊」，在出事時無所不用其極地避免承擔負面後果，與代罪羔羊極速割席。所以，在權責不清晰的組織中，問責制成為了避免承擔負面後果這種 A 型行為的催化劑。

關鍵績效指標（KPI）制度

企業常用關鍵績效指標（Key Performance Indicators, KPI）考核員工表現，是以可被量化的指標去評估員工工作表現，強調效率和結果，讓員工能夠有清晰目標去監察自己的進度，為企業帶來最佳的成效。可是，KPI 制度過於重視可被量化的指標，員工為了達成求分數的指標，把注意力全放在績效獎金上，投機取巧，忽略重要但無法量化成 KPI 的任務，甚至與指標背後的目標背道而馳，本末倒置。這種「上有政策，下有對策」的現象，助長了「扮工」文化和積極瞄準老闆建立模範員工而設的 A 型行為。

能者過勞

老闆都希望將員工的勞動力最大化，每天工作量飽和，並且可以每天都比昨天承擔更多的責任。如果你的 A 型上司有位老奉苛刻型老闆，盡量減少投入精力可能是他的保命策略。尤其對於那些喜歡聽取匯報並積極提供意見的老闆，A 型上司整天只是參與會議、給你頒佈工作和預備匯報材料，每天只是催趕你提交進度寫進報表，但其實對計劃內容一知半解，要他審批的文件或決定永遠石沉大海。

由於工作量及壓力長期超負荷，Ａ型上司又不想在老闆「能者多勞」這些「甜言蜜語」下表示自己「做不過來」，他就只好把實際的工作推諉於人，長期左手交右手的向老闆匯報工作。當然，如果計劃成功，受到老闆表揚時，一定邀功並營造勤力能幹的形象；但當計劃出現差錯時，因為由於對計劃內容一知半解，為了逃避「孭鑊」，最直接的就是把這個熱鍋「卸膊」到團隊身上，畢竟團隊成員沒有甚麼機會可以自辯平反。可能Ａ型上司曾經是一位能者，但是過勞的情況下盡量減少投入精力、「卸膊」變成了他防止「爆煲」的保命策略。

 ## 相處秘訣：敵對永遠是弊多於利

要謹記，你和上司是唇亡齒寒的同伴關係，不要想像沒有了他，你就可以極速「上位」。因為即使大家使計成功迫走了上司，故事的發展往往是高層空降另一位上司，況且事情一旦廣傳，你亦可能被同事或同行形容為「反骨」或「心機下屬」，試問其他上司又怎會敢接收你？

另外，上司比你擁有更多的資源和人脈，而且他與老闆的關係亦比你密切，與上司為敵是打逆境仗。既然不能硬碰，倒不如成為上司的心腹，並以才幹獲取信任，就算你改變不了上司「卸膊」的習慣，至少他的鑊不會卸在你肩膀上！

針對「A型性格」：給他面子和尊重

由於性格是較穩定的傾向，連你都無法改變自己的性格，就別奢望可以改變 A 型上司的性格了。而且，性格本來就沒有好壞之分，任何性格特質都有它的利弊，雖然 A 型上司責任感偏低，但是他們「放任」的態度卻給予你發揮的空間（當然前提是你不會讓他「孭鑊」！）。所以，與其埋怨對方性格難頂，倒不如透過了解對方的性格，尋找合適雙方的溝通及合作模式，讓大家都在展現真實的自己的同時，盡量發揮各自的長處和才能。

A 型上司敏感焦慮，容易因為負面後果或老闆的負面評價及外部壓力而感到擔憂、緊張、恐懼，所以作為下屬亦要謹言慎行，小心輕放老闆的玻璃心！無論你對他的工作態度再不滿，都應表現出對他應有的尊重，保持專業的態度；也得明白對方有屬於他職位上的尊嚴和影響力，所以要謹記留他們幾分面子，尤其是要反映個人意見的時候，應在單對單的狀況下表達，不要在其他同事面前爆發。

坊間建議毒藥：白紙黑字記錄在案並 cc 老闆

白紙黑字是必要，但是「擺上司上枱」絕不可取。因為這不單很難發揮「有鑊齊齊孭」的共同負責制，還隨時會得罪 A 型方丈，冷不防他一個華麗轉身，在大老闆面前打你小報告。畢竟上司是專業卸膊戶，擁有的資源和人脈都比你多，萬一出事，他一定會比你卸得更快。

第 2 章｜老闆篇

做好準備方案

　　A 型上司深思熟慮，做事審慎，一般不想冒險，要帶領他勇敢邁出第一步，唯有凡事多想一步，在事前必先做好功課，準備好有效的方案，才有技巧地提出請求。建議可以抓住他怕事，害怕負責任、喜歡邀功的心理，嘗試用以下的句子向上司提出建議，以才幹爭取他們的信任。「現在沿用的方法收到不少投訴，我們諮詢過其他組的意見，提出了三個方案給大家投票選擇，並得到他們電郵確認方案可行，想麻煩你確認方案和向老闆匯報。」

針對權責 確認責任

　　面對 A 型上司，對於他的不作為會有點無可奈何，始終他也是你的上司，給你分配工作由你來執行非常理所當然，最重要的是，在問責制底下，你如何可以兢兢業業地工作，而讓 A 型上司展現寬厚肩膀，承擔責任。大家可以試試有技巧地「往上指派工作」（Upward Delegation）。有如以上「麻煩你確認方案和向老闆匯報」，其實已經悄悄地在 A 型上司邀功的同時，把方案確認的責任放在他肩膀上。

坊間建議毒藥：讓世人都知道他逃避可恥！

所謂「醜事傳千里」，若向其他團隊的同事抱怨，這些流言蜚語很容易會傳到上司耳中。別忘了，你的 appraisal 還握在上司手中，切記管好自己的嘴巴！

A 型上司的能力會直接影響團隊表現和每位下屬的形象，不想被拖累而影響自己的前景，建議大家有必要在公司建立人脈，例如參加公司的義工及員工活動，讓其他同事看到你在工作以外也具備相當的能力，擺脫因團隊而來的負面印象。但要提醒大家多一次，人言可畏，切勿在活動中「是非當人情」，被定性為「反骨」或「心機下屬」，萬劫不復！

其實，你對 A 型上司比你想像中重要，沒有你，他的工作可以往哪裏卸呢？所以，無論 A 型上司有多「卸膊」，成為他的心腹沒有你想像中那麼難！説在最後，如果最終「豬頭骨」、「鑊氣」重工作無可避免，何不鼓起勇氣，戴皇冠、承其重，或者這會是你嶄露頭角的機會呢！

「A 先生怎樣可能臉皮這樣厚？簡直完美演繹了人無恥，便無敵！」陳小姐與 A 先生是同事，隸屬不同部門，各自有自己的上司。工作上，陳小姐與 A 先生經常有合作的機會。

左手交右手　隨時可轉軚

最近的經歷令陳小姐大開眼界：陳小姐與 A 先生要合作討論一個解決方案，之後一起向 A 先生的老闆報告，陳小姐建議方案一，但是 A 先生堅持方案二，陳小姐見事情影響不大，便順從 A 先生的意思，在報告上寫上「建議方案二」。到了報告會，A 先生負責講解建議，在講解方案二時，A 先生的老闆反饋「我覺得方案一較為適合……」。老闆話音未落，A 先生便接着説「我們非常認同！我們昨天也覺得方案一最適合……」陳小姐看着屏幕上大大的「建議方案二」五隻字，不禁開始懷疑……

陳小姐亦發現，A 先生對工作不插手、不干預、也不干涉，簡單來説，就是「左手交右手」；陳小姐十分好奇，跟着這麼的一個「卸膊」又邀功的上司，豈不非常煎熬？有一次合作，陳小姐有機會接觸 A 先生的下屬張小姐，很驚訝的發現張小姐對 A 先生「卸膊」和邀功的行徑竟然沒有一點反感。

過往經歷促成現在的表現

張小姐告知陳小姐背後原因：「我跟 A 先生一起工作了 5 年，以前的他敢言又有幹勁，但是 3 年前有一個計劃發生了少許意外，大老闆問責下來，把 A 先生當年升遷擱置並減薪處置，之後 A 先生做事便變得很保險謹慎。」張小姐分享，只要事前做好功課，尤其是多諮詢各相關者，A 先生其實很願意放手讓同事試新方案的。

張小姐還給陳小姐分享跟 A 先生相處的小貼士，說其實只要跟他建立良好關係，他對同事還是非常友善的：「或者你覺得 A 先生卸膊，但是其實他很照顧我們。他手上項目實在太多，我們已經常加班到晚上 8、9 點才下班，如果他不卸膊給其他部門，我們不休息也無法完成。況且大老闆不接受拒絕，我見過 A 先生跟大老闆反映說團隊資源不夠，大老闆就在所有人面前破口大罵 A 先生，我們所有人只能夠裝作聽不見，好不尷尬！」

陳小姐發現自從跟 A 先生結成「同盟」，他會不時提醒陳小姐潛在危機，在工作分配，釐清職權時亦變得開放友善，現在還會一起午飯喝咖啡呢！

2.5 心理剖析好老闆

看過壞老闆的種種後，不如轉換一下心情，認識一下好老闆的特質。大家心目中的好老闆是怎樣的呢？相信每個人都會有不同的標準。I/O 心理學作為一門科學，讓我們以一個模型來為大家剖析一下何謂一個好老闆。

職場上需要正向心理

正向心理學家 Martin Seligman 在 2012 年提出了一個名為 PERMA 的模型，他提到建構人生幸福感的五大元素為正向情緒（Positive Emotion）、全情投入（Engagement）、人際關係（Relationships）、意義（Meaning）和成就感（Accomplishment），而這五個元素會互相影響並對建立幸福感有莫大的貢獻。人生在世，有三分之一的時間都在工作，大概每位打工仔都想自己的工作生活能夠開開心心，亦盼望會有一個好老闆，讓自己不只在職場上愉快，還可以有所作為。

以下我們會以 PERMA 模型作為基礎，為大家剖析好老闆的各個特質，包括：誘發正能量的老闆、聚焦強項的老闆、發掘意義的老闆、重視「人程」的老闆、提升福祉的老闆及專注團隊的老闆。

五大元素建構人生幸福感

在 PERMA 模型裏，每個元素都各有含意，簡述如下：

1 正向情緒

專注於正向情緒不僅是微笑,這更是一種保持樂觀並從建設性的角度看待過去、現在和未來的能力。

2 全情投入

全心全意地投入生活和工作,有助於我們保持身心平靜、專注和喜悦。

3 人際關係

我們是群體動物,需要依賴別人共存,而親密以及強烈的情感,比如與父母、兄弟姐妹、朋輩、上司下屬、同事、客人等的關係都很重要的。

4 意義

除了金錢,宗教和靈性都能提供意義,即使是用心撫養孩子、照顧父母也是意義的內容。

5 成就感

要為自己的人生定出一些目標和抱負,不論是短、中、長期,只要能夠完成這些事情,就能帶給我們成就的感覺。

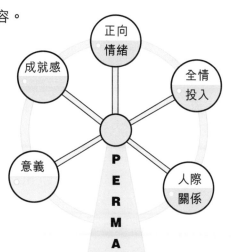

PERMA 模型

2.6 誘發正能量的老闆
——互相感染好情緒

老闆的心情猶如變幻莫測的天氣，時晴時陰，間中還會行雷閃電。你也可能遇過以下情境——星期一早上，老闆回到辦公室，黑口黑面燶過鑊撈，沒有跟同事打招呼，也沒有眼神交流，只是一支箭似的標入房；這時，整個辦公室彷彿都被一片大黑雲籠罩着，同事們都難免會想：「今日一定不好過，千萬不要跟老闆有接觸，免得被罵到狗血淋頭。」

♟ 我們都在接收別人的情緒

你有遇過「黑面神」老闆嗎？還是剛好相反，有一個「日日都係陽光」、時刻充滿陽光氣息的好老闆，他能令辦公室天天放晴，同事都會被他的正面氣場感染，動力和生產力不期然亦會提升。

原來不僅細菌病毒可以互相傳染，正面和負面的情緒也會互相感染的！你有沒有試過，當走進一個周邊環境很有張力的辦公室，甚至一個會議的時候，你會變得十分緊張？心理學家稱這個現象為「情緒感染」（Social Contagious）。賓夕法尼亞洲大學教授 Professor Sigal Barsade 指出，我們很容易潛意識地接收到別人的正面和負面情緒。研究顯示，在 5 個人的團隊中，只要有一位成員發出正面或負面的情緒，便會極速地影響其他 4 位組員。

研究也發現，前線銀行服務員的正面情緒會直接影響客戶的感受，從而影響客戶對服務的滿意度。

 ## 好老闆善於發放正能量

人有正負情緒，這是人之常情，不過好老闆與壞老闆只是一線之差。一個好老闆會明白情緒的威力，他不但會好好管理自己的情緒，同時又能在團隊中製造和不斷提升正面氣氛，營造一個積極的工作環境。

正向心理學家 Barbara Fredrickson 在研究中發現，人類共有十種正面情緒力量，包括喜悅、感激、平靜、感興趣、希望、自豪、趣味、激勵、敬畏和愛。好老闆就是能夠明白和了解不同的正面情緒，在每天工作中仿如一個源源不絕的發電站，製造和鼓勵這些正面能量的發放。

Peter（化名）是一位在跨國企業公司帶領一支 10 人團隊的銷售部主管，他每天都在早上 8 時回到辦公室準備一天的工作，除了計劃當天要完成的任務外，他還會計劃當天的心理流程，想想當天會跟哪些同事接觸，思考各人的需要及溝通模式，然後再想出如何能更有效地連繫他們，加強彼此的關係；同時，Peter 亦會提醒自己如何在每一次跟同事接觸的時候，能把最好的自己展現出來。

同事做得好需要表揚

每當會議正式開始時，Peter 會帶領一個名為「WWW」（What Went Well）的環節 ，意思是要讓每位同事分享一個從上次會議到今次會議之間發生的好人好事，希望透過分享，不單讓各人可以參與和發言，聆聽各人的聲音，同時亦可訓練他們如何精簡地去表達自己，提升表達力。更重要的是，Peter 明白正面情緒是可以互相感染，提升工作效率的。

為了避免會議變得僵化和流水作業的模式，Peter 除了定時更新會議模式、時間和地點，也會邀請不同的同事帶領會議，旨在營造一個互相合作、共同成長的團隊。在他的團隊中，經

常都有着新驚喜。例如他會自掏荷包,為同事慶祝生日、工作周年紀念日等;有一次,他特別邀請大老闆過來,以表揚和嘉許工作表現優秀的同事。他團隊的業績已連續 5 年在全公司中排行 Top 3,員工的穩定性極高,流失率幾乎是零。

領袖自行找方法疏導煩惱

你或許會想,Peter 一定是一個神人,世間難尋吧!其實,Peter 都有他自己的煩惱和挑戰,同樣亦有失意的時候,但他明白一個領袖的喜與悲,都會直接影響到整個團隊,所以當他察覺到自己有負面情緒時,他會透過其他不同的方法把它疏導;他亦會向團隊成員表達自己的難處和感受,這些都使他成為一個更人性化的領袖,讓他得到同事的信任和愛戴。

參考書目

- Barbara Fredrickson. *Positivity: Top-Notch Research Reveals the 3-to-1 Ratio That will Change your life.*
- Barsade,S.G.(2002) *The ripple effect: Emotional contagion and its influence on group behaviour.* Administrative Science Quarterly, 47*4), 644-675
- Barsade,S.G., & Gibson D.E. (2007) *Why does affect matter in organization?* Academy of Management Perspectives, 21(1), 36-59.

第 2 章一老闆篇

聚焦強項的老闆 ——孕育天賦成優才

> 請回想一下，你最近一次跟老闆進行一對一的效績管理會議時，他的焦點是放在改善你的弱項，還是放在發揮你的強項上，抑或兩者都沒有呢？他會認為工作的成功是建基於改善弱項還是發揮強項呢？在每天的工作中，他有沒有鼓勵你善用和發揮你的強項呢？

破除負面偏見　成就高質效能

以上問題，正好反映了平凡和優質好老闆的不同之處 —— 好老闆的領導方式是以強項為本；相反，平凡老闆是以弱項為本。心理學家 Baumeister 發現，人們普遍存有一種偏見名為「負面偏見」（Negativity Bias），他們很容易看到事情的黑暗面，對負面的事比正面的事會有更大的身心反應。

舉例說，我們會記得別人的批評多過別人的讚賞，我們較容易看到別人的缺點而不是優點。在職場中，平凡老闆往往都受着負面偏見的影響，他們容易放大同事的弱項，並聚焦鞭策同事去作出改善。試想想，若果你本身不擅長數字分析，但卻要你每天大量處理，結果會怎樣呢？事倍功半吧！

好老闆卻能破除負面偏見，明白每個人都有強項和弱點，只要能好好發掘和發揮強項，並分配到適當的工作中，那便會達到槓桿和事半功倍的效果。好老闆並非完全忽略弱點，對它們視而不見，但他們明白到處理弱點只是結果的一個部分，若把時間投放在強項，伴隨的就是工作上的快樂、正能量和高效能。相反，倘若焦點只放在弱項上，伴隨的就是厭惡、負能量和低效能。情況就像在股票市場投資一樣，若把有限的資源放在優質的藍籌股上，遠比放在沒有潛力的二三線股票，所得的回報將是天淵之別。

 ## 發掘內在潛能

強項領導和管理是正向心理學發展的一個重要領域。傳統心理學聚焦於解決問題為中心；相反，正向心理學聚焦於研究如何能發展人性光輝的一面，並把人內在的潛能發掘出來。世界知名顧問公司 Gallup 便是推動正向領導和管理的佼佼者，他們研製的「優勢發展測驗」（CliftonStrengths Assessment），在過去 40 年間已幫助了超過 2,500 多萬人確認自己的強項，使他們在工作和生活裏加以發揮，從而提升工作和生活質素。

員工的正面行為

Gallup 在 2007 年進行的研究發現，若員工可以在工作中善用天賦，對工作的投入度會比一般員工高出 6 倍，生活質素也會比一般員工高出 3 倍。員工的具體正面行為和結果包括：

- 每天都期待上班。
- 同事間有更多正面的互動。
- 每天有更多的生產力。
- 能有更多正面、具創意性的意念。
- 能更積極地對待顧客。
- 會主動向朋友宣傳公司的正面形象。

讓強項發光發熱

愛因斯坦的一句名句 ——「每個人都是天才，但若用爬樹的本領來評價一條魚的能力，它將一輩子都相信自己很笨。」傳統教育要求我們每個人都要十項全能、十全十美，焦點往往是聚焦於成績不理想的科目，強調努力補習去改善，偏偏卻忽略了在成績優秀的科目上如何加以發揮。事實上，每個人與生俱來都是非常獨特的，各有不同的性情和天賦才能；好老闆就是明白這一點，反地心吸力地把焦點放在同事的強項中，悉心發掘同事的天賦，並加以栽培及發展，讓他們成為一顆獨一無二的星星，在工作中發光發熱。

心理檔案
實錄

Mary（化名）是一間本地企業人力資源部主管，從事人力資源工作差不多 20 年。她帶領着一個十多人的團隊，負責公司在招聘、福利薪酬和人才培訓方面的工作。大學期間，她主修人力資源管理；畢業後，從事人力資源工作。對於當前的工作，她雖然應付得來，但往往對工作提不起勁。當處理　大堆數字的時候，她雖然有能力應付的，可是卻要比其他同事花上雙倍的時間來完成，而且在每次完成工作後，她都會感到很疲累。

發現自己具其他強項

在一個偶然的機會下，Mary 參加了 Gallup 的優勢發展課程，她從中學習了優勢發展的理論基礎，讓她發現及了解到自己的天賦強項就是善於人際交往，溝通力強，容易看到別人的潛能，並願意助人成長。她跟導師分享和討論自己工作欠缺動力的情況，過程中才發現自己的天賦強項，並促使她更適合從事訓練和發展的工作。

回到公司後，Mary 便鼓起勇氣跟上司提出要求轉換團隊。幸好當時培訓部剛好有空缺，經過了一段過度期，她便調

第 2 章｜老闆篇

職到培訓部工作，從此她變得很不一樣。她不但享受工作，滿足感及工作效率大大提升，而且她還會在工作中跟同事積極互動，打好關係，發掘他們的優點，幫助他們成長。

發揮所長獲僱主讚賞

由於工作表現突出，Mary 一步一步晉升成為今天的部門主管。她不忘初心，願意花時間在團隊裏，協助每位同事發掘和認清自己的強項，然後按各人的強項，把工作重新分配，讓每位同事都可以發揮各自的最好，彼此協助，互相補足。

Mary 不單在自己的部門運用強項領導的原則，更帶領公司不同部門的主管，推動強項為本的工作文化。在以往的工作中，經理們大都慣於把焦點放在改善同事的弱項上；然而，到了現在，他們都學習到如何幫助同事發掘各自的強項，並在工作中加以發揮。此外，她亦推動各個部門互相分享成功的案例，一起從經驗中提取成功的基因，使工作變得更好。因此，Mary 的公司在持續多年的正向強項文化推動下，員工流失率亦大大減低，公司業績穩步上揚，更被業界選為最佳僱主。

參考書目 / 文獻

- Baumeister, R.F, Bratslavsky, E., Finkenauer,C., & Vohks, K.D.. (2001). Bad is stronger than good. *Review of General Psychology*, 5(4), 323-370
- Rath, T. (2007). *StrengthsFinder 2.0*. New York: Gallup Press.

2.8 發掘意義的老闆
——激勵工作的動力

作為打工仔的你，是甚麼推動你從舒適的被窩裏爬出來？是責任？是金錢的力量？還是其他呢？組織心理學一直致力研究能激勵人類工作的因素，其中著名的「雙因激勵理論」是由赫茨伯格（Frederick Herzberg）提出。他指出人類的推動力有兩大類別，第一類是外在環境因素，包括薪資、福利、工作環境、就業保障等；第二類是個人內在因素，包括個人成長、晉升機會、責任感、成就感等。

♟ 靠着兩個 M 投入工作

對你而言，以上有哪些因素是你最重視的呢？不同人，不同年代，能被激勵的原因會有所不同。筆者曾經在訓練課程中分享激勵因素的簡化版，由兩個英文字母標示 ── M&M。聰明的讀者必定能猜想到第一個 M 是代表甚麼吧！沒錯，是 Money（金錢）。對大部分打工仔來說，工作當然是為了賺取金錢，這些都是環境因素，而且越多越好，所以當我問他們第二個 M 是代表甚麼的時候，他們都毫不猶豫地說：「更多 Money！」

平凡老闆和優質老闆的最大分別，在於前者的焦點往往只放在第一個 M，即金錢的推動力上；結果，當員工找到另一份高薪厚職的工作時，便頭也不回跳槽了！相反，優質老闆明白

金錢只是推動力的其中一個因素，員工薪酬當然要比得上競爭對手，或符合市場要求，但有了這個基本因素後，更重要的是好老闆能讓員工在公司持續發展，不斷激勵他們有更大的動力，使他們全心全力地投入每天的工作中，這就是那另一個 M－Meaning（意義）。當同事找到意義的時候，工作就會變得 meaning-FUL，因為動力是來自內在，是自發的；若果同事找不到工作的意義，工作就變得 meaning-LESS，工作的動力自然會大大下降。

厭惡性工作一樣有貢獻

或許你會說，我每天都是重複地做同一項工作，例如要經常對着一大堆文字和數字的文書工作、超級市場的收銀工作、醫院裏的清潔工作等，那何來有意義呢？艾美·瑞斯尼斯基是美國耶魯大學管理學院組織行為學教授。她提出工作重塑（Job Crafting）能協助我們提升工作的意義感。

她曾為醫院最前線的清潔工人做了一項研究，以了解當她們面對厭惡性清潔工作的時候，為何有些清潔工人能特別投入、特別起勁和特別有滿足感，也會經常得到病人和家屬的讚許。透過訪問和觀察，她發現對於工作有極高投入感的清潔工人，原來他們不會視自己的工作為一件差使；相反，他們看自己為治療師，醫院是一個希望之家。他們知道醫院的環境清潔會影響病人的身體康復過程，所以他們希望透過工作來製造一個清潔和舒適的環境，讓病人可以安心地接受治療。

重塑工作　重整定位

　　這班投入工作的清潔工人除了透過溫和有禮的溝通方式，了解病人的需要，展現對病人的關懷，亦會特別留意那些感到痛苦、恐懼和孤單的病人，願意花更多的時間跟這些病人溝通，給予他們更體貼的關懷及鼓勵。

　　總括來説，做同一份工作，卻展現了不同的工作行為和結果。這些清潔工人透過對工作任務的詮釋 —— 認知重塑（Cognitive Crafting）來豐富對工作的意義感。在人與工作的互動關係中，清潔工人希望透過每天接觸到的病人，為他們帶來溫暖和希望，這就是對工作的關係重塑（Relation Crafting）。還有，任務塑造（Task Crafting），也就是改變工作當中的類型、範疇、順序和數量，目的是把工作豐富起來，使它變得更有意義。

第 2 章一老闆篇

Carmen（化名）是一位大型零售店舖的店長，管理着一個有十多人的時裝銷售團隊。一般的零售店長都是以工作目標為本，營業額為終極目標，俗稱「捽數」，這是唯一和最直接的方法來提升同事的工作動力及生產力，因為生意好，佣金自然多，同事便會更落力地「跑數」。

一對一面談 了解同事需要

Carmen 這位店長明白金錢很重要，但她認為如果同事的焦點只放在金錢上，推動力是很難維持的，因為只要有競爭對手高薪挖角，同事便很容易「跳槽」。此外，她亦明白工作意義對同事的重要性，因此她每年除了安排效績評估會議外，也會特別與每一位同事安排一個一對一、長達一個多小時的會面。這個會面是了解他們在工作上遇到的困難，以及對工作的期望，亦會協助他們發掘工作、事業和人生目標，從而度身訂造一個「個人發展計劃藍圖」。

有一次，一位從事收銀工作的同事表示，希望學習一些關於櫥窗設計的知識，Carmen 就特別安排這位同事做了一個 Job Shadowing，讓他跟負責櫥窗設計的同事學習。又有一次，一位工作了十多年的資深同事表示，希望可以調往商業地區的店

舖工作來豐富工作經歷，Carmen 又為此與其他店長聯絡，商討和安排工作調配來滿足同事在事業發展的需要。透過那些一對一的面談，除了讓 Carmen 表達對同事的關心之外，也讓同事訂下工作目標，亦增強了工作的意義感。

設團隊訓練工作坊

此外，Carmen 每年亦不遺餘力安排一些有益身心，能讓同事一起互動的團隊訓練工作坊。她明白到在日常高壓的工作環境下，同事們都需要有一些空間，大家可以停下來彼此了解，一起作新的學習。去年，團隊訓練項目的焦點就是彼此去尋找工作的意義，工作坊的導師邀請每一位組員細心思考一下，銷售員除了有銷售這個角色外，還扮演了甚麼角色呢？結果大家得出很多新的詮釋，前綫銷售人員彷彿也是魔術師、輔導員、DJ、教授、設計師、美容師等……

正因為 Carmen 運用着這種正向領導方式，每年她的店舖的生意成績都名列前茅，而其團隊更是公司最穩定的銷售團隊！

參考書目／文獻

- *Managing Yourself: Turn the Job You Have into the Job You Want* by Amy Wrzesniewski, Justin M. Berg, and Jane E. Dutton
- https://hbr.org/2010/06/managing-yourself-turn-the-job-you-have-into-the-job-you-want

第 2 章一老闆篇

2.9 重視「人程」的老闆
——讓員工充分參與其中

如果你是老闆，在員工與結果之間，你重視哪一項較多？在業務的考量下，相信大多數的老闆都會選擇後者，因為業績比其他東西都重要。沒有業務結果，何來有條件去養活員工？有句説話叫「情理兼備」，事實上是否可以套用在職場上呢？

♟ 目標為本 VS 着眼過程 VS 尊重員工

無論你的組織有多大，有一個元素是缺一不可的，那就是員工。在職場上，有一類老闆會很重視目標與結果，但對過程及員工的成長，他們均沒有興趣。因為他們認為用甚麼方法都不重要，最重要的是達成最好的結果。故此，其實只需要以最大的利潤去完成工作便可以了。但請想想，有甚麼人願意在這種環境下工作？也許是金錢誘因吧！當有另外一個機會能給予更好的待遇，他們會毫不猶豫地選擇這個機會。又有另外一類老闆很重視過程，每一個步驟也需要有標準作業流程（SOP, Standard Operating Procedure），每項工作也要跟足 SOP，但這些 SOP 的建立是沒有與員工溝通而建立的，員工只是執行者，沒有機會去參與討論。還有另一種是以員工為先，每事也會諮詢員工，但也有可能會因此誤了工作的進度。以上三類可説是職場上的一個小歸納。

平衡目標、過程及員工

　　很多時大家都會錯誤以為一個好老闆就該將百分百的精力都投放在公司的營運上,以及員工的管理上。這種過分依賴從上而下的指揮模式固然有一定的效果,可是同時會極度限制員工和公司的創造力,使公司喪失前進的目標,亦會降低員工對公司的認同感;就算有甚麼亮麗的點子出台,員工也只會覺得自己是按照既定程序執行的一個,跟自己沒有多大的關係。所以一個好老闆是會在過程及員工當中取得平衡,促進溝通,從而更有效達至業務結果。

人才為營運的根本

　　好的管理者重視員工的成長,能給予員工最大的發展空間,為他們提供足夠的培訓,而不是只視他們為公司的「零件」,生怕培訓後他們會跳槽。正如上述所說,沒有人材去參與及執行,就算有甚麼雄才偉略的企劃都只是紙上談兵,無法執行。

　　有研究顯示(Kjerulf, 2016),老闆細微而簡單的行動,會對員工的幸福感有很大的影響。一個簡單的真心激勵,能令員工感受到老闆的肯定及支持,讓他們感受到辛勤的工作是有價值的。另有一個研究顯示(Kuroda & Yamamoto, 2018),如果老闆與員工能保持良好的溝通協作,這不但能提升員工的生產力,還對員工的精神狀態有莫大的幫助。

第 2 章一老闆篇

在廿一世紀這個瞬息萬變的世界，更需要透過使用願景及意義去把人才及程序串連起來，達致新的創意去創建新的解決方案或產品。蘋果公司在生產世界風行的智能電話之前，就一直在策劃研發新的多媒體產品。他們面對一個兩難的局面，一方面需要考慮風險的問題，一方面是員工的支持，因為蘋果在當年還是處於年年裁員的處境。

與員工共同確立願景

時任蘋果副總裁的李開復在這樣的情形下，卻有着另外一個想法。他向公司管理層建議，從不同部門調動擁有與多媒體相關技術的員工去組成一個新的部門，專門開發新的多媒體產品，以追趕甚至開創資訊科技的潮流。他這個建議其實最初並不是一帆風順，因為不論是管理層，還是員工對此都有所保留。

李開復有見及此，就召集這些員工，向他們描述其願景，激勵員工去參與新產品的開發。這不只包括大環境下的陳述，他還鼓勵員工分成小組，討論願景的可行性，以及自己的潛力將會如何因這樣的願景而得到更充分的發揮。透過參與整個程序，李開復提供堅定而大家都認同的方向，讓員工從而得到意

義，甚至是讓他們可以充分參與整個過程，一起造就成果。最後蘋果透過這個新設立的團隊，創造了許多影響着全球的多媒體產品。李開復這個重視「人程」的提議，為蘋果奠下創新的基石。時至今日，蘋果每年均有創新的產品推出市場。

2.10 提升福祉的老闆 ——增強歸屬感

有不少統計都指出，工作佔了我們人生最少三分之一的時間，在香港這個急速的城市就更甚，往往佔了我們每天至少 8 小時。很多打工仔都戲言，見同事多過見家人，彷彿同事才是家人的感覺。近來越來越多人討論職場福祉的課題，身為一個好老闆，在這方面又應該如何平衡？

 ## 追求正向能量的支持

我們在前文（2.5）提及 PERMA 這個五大元素。其實這五個元素十分符合職場上的需求，打工仔每天都花上很長時間來工作，試想想有誰想在公司抱着負面心態渡過？就算真的有此情況也不會長久，因為既沒有正向情緒，又沒有投入度，更不會有意義及成就感吧。

但有很多公司着重的是物質滿足的一層，包括薪酬、福利、獎金等外部獎賞，而忽略了一些無形或內部的獎賞。心理學家 Abraham Maslow 就在他提出的需求層次理論中指出，在滿足了生理需求（Physiological Needs）及安全需求（Safety Needs）之後，人們會追求愛與歸屬的需求（Love and Belonging Needs）以及尊嚴的需求（Esteem Needs）。先不要討論日常生活中是否按照這個順序來體現，但把這個理論跟上述提及的 PERMA 模型

放在一起時，其實兩者都在訴説我們都是追求一些正向能量的支持。故此一個好老闆可以在這些層面上做多一點功夫，給員工在這方面多一點支持。

助員工平衡工作與生活

　　或者你會問，不着重福祉會為公司帶來甚麼後果。顧問公司 Gallup 就有關福祉方面的研究，發現全球因員工過度工作而導致的營業額和生產力損失高達 3,220 億美元，而每一萬名員工中，就會因為過勞而導致 2 千萬美元的業績損失。不單金錢上的損失，他們還發現員工對公司的歸屬感也會因此而受到影響。調查指，有 66% 的員工每天都體驗到擔心，而感到悲傷和憤怒的可能性更增加兩倍。由此可見照顧員工福祉不只是要為防止損失，而是提升績效，從而增加生產力。

　　不難發現有許多公司在這個範疇還是做得不足夠，大多數香港的公司都會選擇舉辦一些聚餐或活動來體現這方面的需求。可是這往往都是單向性及單一性的，效果不會很顯著。因此，好的老闆着重於持續性，他們持續地每天為員工提供內部的獎賞，助員工平衡工作與生活上的需求，這不但會提高員工對公司的歸屬感，還會提升工作效率。

越來越多企業看重員工的福祉並提倡工作與生活上的平衡（Work-Life Balance），尤其是一些歷史較短的企業或是一些從事創新科技的公司。Facebook、谷歌等企業都有在辦公室設置一些休閒的設備，如運動器材、酒吧等，提醒員工在工作之餘都不忘休息；亦有一些公司會因應情況讓員工在家工作，好讓員工在工作之餘亦能照顧家庭需要，Twitter 便公布了讓員工可以永久在家工作的政策。其實，更重要的是持續聆聽員工的需要及因應情況而調節公司的政策，這樣才能夠持續地滿足到員工在福祉上的需求。

設立兼顧員工需要的友善政策

Agnes（化名）是一間本地會計師樓的合夥人，曾任職大型會計師事務所的她明白到會計這個行業會因項目而令工時有所延長，所以她特別在公司設立了一個團隊，專門針對員工在福祉上的需要，不時聆聽員工的聲音及從中改善策略。例如，有某些項目是需要員工出差，Agnes 公司設有政策准許員工在完成工作後可以留在當地旅遊數天，讓員工不止可以在體力上，還可以在心靈上得到休息，一舉兩得。

分析及應對

　　在 Agnes 的角度，員工的福祉最為重要，沒有開心的員工就沒有敬業的員工，工作就只會事倍功半。所以，她堅持不時了解員工的需要，並不只是聆聽，而是要回應，讓員工安心地分享及做好自己的工作，建立正面的文化。

專注團隊的老闆
——達至雙贏局面

正所謂「一枝竹仔易折彎，幾枝竹仔易折難」，在任何一家成功的公司中，團隊利益總要高過個人；因為若公司無法在整體上取得成功，任何一個部門及團隊都無法取得真正的成功，更別遑論團隊中的任何一個員工。一個好的老闆應當將全公司的利益放在第一位，部門利益其次，個人利益放在最後，這個做法其實說易難做。

♟ 提防心理感染的影響

一個好老闆善於根據公司的願景，決定自己和各部門的工作目標，從中塑造團隊中的信任度，但信任度是需要累積及經營的。其中一個會影響到信任度的是心理感染（Social Contagion），不論是正面的氣氛，還是負面的氣氛都能夠傳染，而負面氣氛的傳播速度往往會比正面的為快。故此，好的老闆是會察覺到影響團隊信任度的因素，並從中作出適當的調節去防止心理感染。

好的老闆是會為員工創造一個共同的身份（Shared Indentity）及共同的價值（Shared Values），這不單關乎員工與員工之間的合作，也體現了整個團隊協作的基礎。心理學家 Suzanne Bell 及她的研究團隊曾發表一個名為團隊合作 ABC 法則，當中提及在

高效的團隊合中包含三個不可或缺的要素：態度、行為及認知。簡單而言，好的老闆在建立一個團隊的時候，需要注意這互相關連的三項，並找出團隊成員間的共通點。一個成員的情緒及行為是會因心理感染而傳染給其他成員，故此需要不時為團隊帶來鼓勵，不時向團隊重申團隊成員間的共同身份及價值。

積極建立心理安全感

另外一個要素是安全感，而這點正正是被忽略的。曾經有不少研究都顯示，一個成員在心理安全的狀態下，會感到輕鬆、更熱衷參與及更勇於發言，亦會更投入工作，作為一個好老闆可以怎樣為團隊建立安全感？需要有同理心及較高的敏感度，洞察員工在非言語上的線索，予以合適的反應及肯定，讓團隊成員可以更安全地表達自己的真正想法。

在職場上，沒有任何一個決策是絕對正確的，所以上至老闆，下至員工都會有機會犯錯。這個時候一個能令團隊成員承認錯誤及能從中改正的機會就更重要。故此，一個好的老闆是需要為員工建立一份安全感，讓員工能在安全、有保障的環境下持續學習，達至雙贏的局面。

各自為政，互相推諉的情況在職場上比比皆是，重點在於你處身其中會如何處理。一旦處理失當，不單難以解決當下的問題，長遠還會影響團隊之間的關係及凝聚力；相反，若能處理得宜，效果會更相得益彰。

凝聚團隊之間的關係

Peter（化名）是一間本地企業的老闆，公司為一間科技產品部件的製造商，在外地擁有自家的生產線，而在本地也有不同部門，如銷售部、市場部、產品部等。Peter 作為公司的老闆，他每天的工作便是要好好管理旗下的各個團隊，促成部門與部門之間的高效率協作，提高公司的整體生產力。同時，他每天都要面對各部門不積極配合，互相推諉的情況。

Peter 本身是一名籃球迷，每一次發生上述的情況時，他都會以打籃球作為例子，跟他的團隊分享整體合作的重要性。其中一個他引用的例子是，公司裏的一個團隊和籃球場上的一支籃球隊其實是一樣的。打籃球時，後衛不能脫離整個團隊獨來獨往，前鋒也不能只向前衝而不參與防守，不同位置的隊員需要按照戰術安排緊密配合，互相支持，這樣才能贏得比賽。

在我們的工作中，市場人員需要協助產品部尋找產品的合適定位，而銷售部就要在銷售之餘也要為其他部門把關，而管理者會承擔起教練的角色，為整個團隊制定合適的戰術。每個部門在了解自己的定位後，就需要承擔相關的職責，在團隊中充分發揮自己的本分，為共同的結果努力。

分析及應對

所以 Peter 的管理手法是以團隊為重，以專注團隊整體的利益為先，而他自己就好像籃球隊的教練一樣，一方面要為公司製定策略，另一方面又要激勵團隊向前，互相配合以讓策略能得到最大的體現，達成雙贏的局面。

第 3 章

同事篇

撰文 鄧思衡　馮慧賢
　　　陳澄輝　文芷茵

同事有一流亦有三流，一流同事大多抱有
「人人為我，我為人人」的精神，他們是成
就大事的助力，三流同事卻愛卸膊又講是
非，掌握相處技巧尤其重要。

3.1 是非精同事是怎樣鍊成的?

職場是非無處不在,佔我們講話時間的 65%,而有 90% 的人在工作場所都會講八卦。究竟「職場是非」是甚麼?職場是非指的是工作場所中「有關該組織中另一個成員的非正式和評估性發言,而且目標人物並不知道所通訊的內容」。

九成員工有職場偏差行為

職場是非(Workplace Gossip)可算是一種職場偏差行為(Workplace Deviance)。職場偏差行為可以是針對組職的,亦可以是針對個人的。有研究顯示,有 90% 的員工都至少有一種職場偏差行為,如嘲笑同事;另一研究則指出有 32% 的受訪者在他們的工作環境中觀察到有口頭騷擾的行為,而這些行為對組織及其員工都有深遠的影響,包括:增加流失率、降低生產率,士氣低落等問題。事實上,在工作時自然會伴隨着很大部分有關社交主題的對話,好像團隊成員討論其主管的行為,談論同事之間的關係,或討論同事的工作表現等。

是非的四大分類

除了出於無聊之外，你有沒有想過為甚麼人要在職場上講是非？有研究指，是非其實分了不同的類別，包括：保護式是非、貶低式是非、認可式是非，以及交流式是非這四大種類。

1 保護式是非

是與工作有關的負面評價，例如關於「同事不可靠」的是非可能令其上司避免將關鍵任務委派給該同事，減輕出事的風險。

2 貶低式是非

是與工作內容無關的負面八卦，有機會損害他人聲譽，例如談論同事在工作以外的私事，例如外遇關係，引起其他同事不屑。

3 認可式是非

屬於比較正面的八卦，分別是與工作內容有關的正面評價，例如 OT 幫同事，以及與工作內容無關的正面評價，例如同事完成了馬拉松比賽。

4 交流式是非

顧名思義，這種是非純粹是為了交流，沒有很強的攻擊性，可能只是同事之間為了互通情報而講的是非。

影響職場是非的因素

因素	職場是非的現象分析
年齡	年齡跟心理暴力有關。年輕員工比年長員工更傾向於使用心理暴力，例如講是非；因此較成熟的同事不那麼容易表現出這種職場偏差行為。
職場公義及工作挫敗感	假如員工認為職場上有不公義行為，會令他們更易有反社會表現。另外，挫敗感與身體和心理暴力都有關，挫敗感會引起偏見。研究發現工作中的挫敗感會產生不良行為，例如散播惡意的是非、阻礙，支配和拒絕同事。
對組織的情感投入	情感投入與心理暴力有關。換句話説，對組織有情感扭曲的員工更有可能表現出心理暴力。
維持組織內的「規範」	負面或正面的八卦也可以用來控制組織內的「規範」行為，一旦組織內有人做了不符合規範的行為，他就會被其他人在背後評論。如果他不想被評論的話，就必需跟大隊做一樣的事情。負面是非多數都集中在被討論者的小圈子內（in-circle），因為負面是非經常會為小圈子內的人提供「有價值」的訊息。

如何在是非精同事身邊保護自己？

先要分辨是非精同事類別，然後了解其特徵，因應情況，隨機應變，掌握與之相處的技巧，這樣就不用太過擔心職場是非精同事。分類如下：

EQ 低火爆的是非精同事

特徵　EQ 低、脾氣不好、情緒控制能力差的同事，一有不滿就會大呼小叫，狂打電話、狂發 message 或 email，宣洩自己抓狂的情緒，向你投訴別人的不是。

如何處理　保持冷靜，忽略他們發出的負面情緒，不要覺得受傷害或被針對。當他們與別人發生衝突／你與他們發生衝突或不愉快時，「暫時離開」事發現場，或提議遲些再處理。碰到 EQ 低的同事一定要冷靜，要明白對方沒辦法處理好自己的情緒，才會丟出憤怒或怨氣；就算不是面對面的衝突，收到帶有憤怒情緒的 email 或短訊，也不要立刻衝動地回覆。可以隔一些時間，等自己較冷靜時，再用中性的字眼回覆，冷靜描述你的意見，不要給對方抓狂的機會。

怨天尤人的是非精同事

特徵　喋喋不休、愛抱怨的是非精同事。

如何處理　可以嘗試去給他們一點同理心開始，試着去了解他們為甚麼會不快樂？一開始的時候可以嘗試聽他們說話，理解他們所遭遇的情況或情緒，並把重點放回他們想達到的目的，引導他們思考解決方案，而非只是抱怨。如果是比較熟的同事，可以反應一下你真實的感受，給他一點鼓勵；如果交情一般，就避免跟他們接觸，不要回應他們的抱怨，時間久了，他們得不到共鳴就會離開你。

把講是非當興趣的是非精同事

特徵 喜歡講是非、傳八卦、中傷他人，而且他在暗你在明，防不勝防。

如何處理 保護自己最好的方法，就是少跟愛講八卦的同事接觸，也不要附和他們。此舉一來不讓自己捲入八卦圈，也不會讓自己的隱私傳出去。另外，當面去詢問傳話者（Confrontation）也有效控制八卦流言和中傷。此舉一方面可以讓對方有解釋，另一方面也可以為自己澄清。大部分人都不敢去質問傳話者，任由別人中傷，假如你敢去問，傳話者也許就不敢再講你，而改去欺負其他人。會喜歡傳八卦、在後面中傷他人的人，通常都是比較自卑，不敢正面迎戰的人。如果你內心夠強大，可以考慮跟他們建立關係，了解他們為甚麼會這樣做，而不是跟他們一起傳是非、講八卦，成為言語暴力的幫兇。

喜好競爭的是非精同事

特徵 喜好競爭的同事，擅長封鎖消息、疏於轉達留言或他人邀請，或是發放假的消息。

如何處理 如果是良性的競爭，不妨從改善自己的角度出發，向對方學習。如果競爭一直讓自己感到困擾或不安，可以了解自己覺得不安的原因——到底是對自己沒信心，還是害怕與同事關係不好？有些外在因素則不在你能控制的，例如企業文化或上層

的鼓勵，希望同事通過競爭而進步，使整個辦公室氣氛緊張。如果對方非常好勝，可以先退讓一步，着眼看長期表現，而不是短期的成績，要時刻提醒自己應該要有雙贏的概念。只想自己一個人搶功勞的人，遲早也會受其他同事排斥。當你了解到合作的重要性時，你會更尊重別人，也會贏得別人的尊重。

愛挑剔和批評的是非精同事

特徵　碰到苛刻的同事，可以看看挑剔者背後的動機，是他本身對自己、對工作的要求很高，還是他只想要打擊同事呢？

如何處理　碰到要求高的人，可以先聽聽對方的批評和建議，幫助自己改善。但如果實在被對方迫得太緊，可以先肯定對方的想法，再適度表達自己的感受，說明你的限制；但如果是碰到無理挑剔的人，也別太上心，那是因為你的能力引起了別人的注意和妒忌。沒有人會無理挑剔沒有能力的人，因為就算你挑剔，他也改不了的。

其他建議

對自己的覺察

　　要把工作和生活適當地分開，與其為是非精同事抓狂，不如多增強自己的工作能力和自信心。在工作之外要有其他的生活，發洩情緒，如運動、培養自己的興趣，擴闊社交圈子認識新朋友等。

建立其他支持夥伴

另外，也可以在是非精同事的圈子以外，積極建立工作上的支持夥伴，找積極的同事作伴，請教他們如何去處理辦公室的人事，觀察他們如何和不同的難纏的同事相處，從而取經。

明白同事的性格

最後，可以學習培養對事對人的覺察能力，認清同事的性格及行為模式，接受有些人就是愛講是非、愛批評挑剔，而且也不會為你而改善；認清自己在工作中擁有的主控權，不要太上心，就可以把傷害減低。

 ## 怎樣令是非精同事不再亂講是非？

溝通

向上司解釋

如果謠言影響到你的誠信甚至升遷機會，就需要主動向上司匯報，說出真相，並強調自己的工作不會受影響。如果工作真的受到影響的話，嘗試邀請上司給予意見，給予機會讓你可以澄清／為你討論或改變分工的方法。

工作前溝通

開工前，提早說明事情的因由，減少灰色地帶。如果貿然去做，有些人不了解你的動機就會覺得不安，怕你會損害他的既得

利益，然後就會猜忌你。在做事之前說明原因，可以表現出對同事的尊重，化解不必要的誤會，令是非沒有空間滋生。

工作中匯報

在處理事情的過程當中，需要知會上司，讓他有知情權，有時會給你建議，跟從指示做就能減少資訊的不對稱，這就等於把資訊公開，讓上司可以看到事情的全貌，更能了解你的處事方法。

工作後公開

當是非精挑撥離間，你就必須要主動和上司耐心解釋，消除上司對你的成見，讓別人了解到你的態度，減輕敵意。另外就是要懂得主動聯絡其他同事，建立良好印象，當是非發生時自然能和其他同事建立同盟關係，減低是非精挑撥離間的影響。

幽默策略

有些無聊的謠言，例如你跟哪個同事曖昧，往往會成為同事間茶餘飯後的話題，對某些同事來說，講是非只是找樂的方法，並沒有太上心。若然你是主角，清者自清，即管當笑話聽！如果無可避免要面對，你也可以透過一些無傷大雅的玩笑自嘲一番，給大家一個下台階，讓人覺得你是一個大方的人，為你的印象加分。

小藍（化名）在一間私人機構工作。機構的歷史算是悠久，但機構的結構在這近 5 年間發生過巨大的變動，途中生出了很多新的部門及 project team。小藍首先在一個有大約有 10 人的 project team 工作了 2 年，之後轉到一個大約有 5 年歷史的新部門工作。由於 project team 的 reporting line 簡單清晰，同事之間沒有甚麼利益衝突，因此小藍在 project team 工作的 2 年間非常順利。雖然主管想留她，但是 project team 解散後該部門暫時沒有 headcount，於是主管利用 project 剩下的錢把小藍的合約延長 3 個月，好讓她慢慢找工作。小藍希望在同一個機構多花點時間學習，適逢一個較新的部門有同事離職，於是 3 個月後透過公開招聘重新回到該機構工作。

給同事不合群的印象

小藍在 project team 工作的時候曾經聽過有關該部門的事情，不少跟該部門工作過的同事都覺得該部門很神秘。小藍起初覺得工作就是工作，不以為然。可是，小藍第一天上班就覺得很奇怪，她的新同事在辦公室一句話都不說，打個招呼之後就直接當她透明。她部門人數比之前的少，但是分工不清晰；

辦公室裏只有一個人是跟她同組的,其他人都在做她不知道的事情,他們也沒興趣過問小藍的工作;但弔詭的是,原來職能上她需要和其中一個 senior 一級的同事(但不是她的上司)交代她的工作。她起初有問題想問,同事好像都不太理她,甚至試過直接回答她「你愛怎樣做就怎樣做」。由於小藍的直屬上司坐在另一房間,而且他還有其他工作在身,所以希望她盡量自己解決問題。

被主管責罵感委屈

小藍就在完全沒有支援底下渾渾噩噩地過了頭 1 個月。由於很不適應新部門的運作,小藍總是跟以前認識的同事,或是其他部門的同事待在一起。新部門的同事開始覺得不安,於是開始在小藍背後討論她,甚至在主管面前投訴她不合群。小藍因此而被主管召見狠批了一頓,覺得很委屈,更加不想和新部門的同事靠近;她愈不想靠近那些同事,同事就愈愛講她的是非,甚至開始說些和工作無關的是非,例如說她跟其他部門的同事過從甚密,有不尋常的關係等等,整天在辦公室細聲講大聲笑。上司知道了這件事後,勸過小藍要小心管理她身邊的人,因為主管會從很多不同渠道收到這些消息,就算他多了解小藍的工作能力也好,他一個人也無法改變這個狀況。

分析及應對

小藍的同事說的是非是保護式是非及貶低式是非。因為小藍不是全新的員工，而且她在別的部門工作過，她進來的時候同事已經有所戒備，害怕她打破該部門現有的工作氣氛。於是，新部門的同事到處打聽有關小藍以前的事情，希望保護該部門的成員的既得利益（如維持該部門作為一個新部門的靈活性，不用每事向最上級請示，能自己解決的就自己解決）。至於事情發展到後來，因為互相不信任而產生的貶低式是非，則跟工作完全無關。

是非令小誤會延伸

由於新部門的同事都比較年輕，這份工作有機會是他們頭幾份工作，而且一做就是幾年。因此，他們對機構的感情深厚，組織了小圈子，對後來者易生偏見，對所謂的「不合作行為」（不跟同事一起吃飯，講是非等）特別反感。

至於小藍辦公室中的幾個是非精是不同類別的，開頭「金手指」的同事是屬於喜好競爭的是非精同事。因為該同事的職能與小藍相同，她一來不想小藍新到步便過於積極而破壞她的步調；二來她習慣自己一個人解決問題，不想浪費時間解釋或是跟別人合作，更不想被搶功勞。因此，她一開始便跟小藍劃清了界線，也不太想理會她，但途中卻會覺得是小藍不合群。

後來加入的則是把講是非當興趣的是非精同事。因為小藍已經被同組的同事排擠了，後來加入的同事就把原本只是一個小小誤會無限延伸出去，不停在外面去找「小藍就是一個古怪的人」的證據。他們聽到的都不是事實的全部，但為了要令整個故事完整，就加上了自己個人的想像。這樣一來，是非精同事可以透過取笑小藍而團結他們的小圈子。

找出背後的是非情報員

整個過程大概維持了一年有多，在過程中小藍有嘗試過上述介紹過的一些方法去抗衡是非精同事的勢力。面對喜好競爭的是非精同事，小藍向上司間接地暗示過他們之間的工作模式不太一樣，分工上稍作調動可能更好。上司也不想太花力氣處理，於是把工作平均分配給兩人，每人負責不同的組，減少合作的機會。面對把講是非當興趣的是非精同事，小藍從其他途徑得知誰是是非精同事的情報人員；於是在她的情報人員面前故意提起自己已知道她們兩個的關係，在另一邊也跟常和是非精同事來往的同事混熟起來，讓是非精同事知道她並不是孤身一人。她亦積極參與其他同事組織的活動，擴大自己的社交圈子，讓不同的同事認識自己並不是是非精同事口中所說的模樣。

參考書目 / 文獻

- Dores Cruz, T. D., Nieper, A. S., Testori, M., Martinescu, E., & Beersma, B. (2020). *An Integrative Definition and Framework to Study Gossip.* Group & Organization Management, 1059601121992887.
- Ellwardt, L., Labianca, G. J., & Wittek, R. (2012). *Who are the objects of positive and negative gossip at work?: A social network perspective on workplace gossip.* Social Networks, 34(2), 193-205.
- Liu, X. Y., Kwan, H. K., & Zhang, X. (2020). Introverts maintain creativity: A resource depletion model of negative workplace gossip. *Asia Pacific Journal of Management*, 37(1), 325-344.
- Ménard, J., Brunet, L., & Savoie, A. (2011). Interpersonal workplace deviance: Why do offenders act out? A comparative look on personality and organisational variables. *Canadian Journal of Behavioural Science*, 43(4), 309-317. Retrieved from https://search.proquest.com/scholarly-journals/interpersonal-workplace-deviance-why-do-offenders/docview/900456488/se-2?accountid=162425
- Wu, L. Z., Birtch, T. A., Chiang, F. F., & Zhang, H. (2018). Perceptions of negative workplace gossip: A self-consistency theory framework. *Journal of Management*, 44(5), 1873-1898.
- Yao, Z., Luo, J., & Zhang, X. (2020). Gossip is a fearful thing: the impact of negative workplace gossip on knowledge hiding. *Journal of Knowledge Management*.

- Zhou, A., Liu, Y., Su, X., & Xu, H. (2019). Gossip fiercer than a tiger: Effect of workplace negative gossip on targeted employees' innovative behavior. Social Behavior and Personality: an international journal, 47(5), 1-11.
- 文迪 . (2016, July 14). 如何面對職場是非精？
  Retrieved from: https://www.cpjobs.com/hk/article/%E5%A6%82%E4%BD%95%E9%9D%A2%E5%B0%8D%E8%81%B7%E5%A0%B4%E6%98%AF%E9%9D%9E%E7%B2%BE%EF%BC%9F
- 吳若女 (2011, April 28) 氣到內傷？對付壞同事的求生術。《天下雜誌》https://www.cw.com.tw/article/5005047
- 李筑音 (2012, December 1) 有人的地方就有八卦──比起遠離，你更該學會怎麼管理這些辦公室謠言《Cheers 雜誌》第 147 期 https://www.cheers.com.tw/article/article.action?id=5045294

3.2 愛卸膊的同事怎樣去「扮工」?

「呢單嘢唔係我跟開」、「我唔知喎」、「你搵呀邊個邊個做啦」……身邊總有些同事有「卸膊」的取向,把自己工作的責任放在其他人身上。他不但會卸膊給同級的同事,連上司、下屬或其他合作單位都有機會是受害者。卸膊同事可以簡單分為兩大類:知道自己應該做卻沒完成工作;不覺得那項工作是自己負責的,所以便沒有執行。為甚麼會有卸膊這行為的出現呢?

社會惰化:個人責任減弱

在工作團隊裏,往往講求分工和合作來達成共同目標。每個同事應該要分擔的多少責任卻是一件主觀的事,我認為自己已經比我應該做的付出得多,我的同事卻可以覺得我做得不夠多。責任分散是個人將責任移到其他人身上的一個認知過程,例如:公司需要購買幾台新電腦的時候,我們可能會自然的期望同事 A 幫忙格價;同事 B 會幫忙下單;同事 C 又可能要幫忙收取郵件。

研究發現,在一個團隊工作時,大家通過責任分散的過程會對其他人的幫忙有更高的指望,而自己在那工作上的責任感會變得更弱。大家各自認為責任在其他人身上就會造成一個社會心理

學的現象 —— 社會惰化。如果我們説協同效應是 1+1 > 2，那麼社會惰化就是 1+1 < 2。當幾個人合力做同樣的事情時，因為各自的付出未必會被準確的量度出來，每人會變得比單獨工作時付出得更少。

影響社會惰性的主要因素有兩個：團隊的大小和團隊分散。當團隊成員越多或者團隊共同工作的機會越少，團隊內人際交往少了就會導致非人性化，意即成員開始把人當作物件，那麼把工作卸給其他人時，心裏也比較沒有那麼難過。

🤝 心理契約：明文規定以外的互助

也有些時候，同事真心覺得自己不是該項目的負責人，所以就避開或者拒絕完成那樣工作。簽正式的工作合約時，人事部總會給你一系列描述崗位的職責和公司會提供的福利，有些責任卻不能夠「白紙黑字」寫出來。例如一個經理不但需要管理下屬的工作表現，公司也會期望他照顧同事的個人發展；一個同事家裏突然有急事，來不及正式請假，他也會期望公司讓他先回家，之後才補回請假的手續。

這些雙方沒有寫出來的期望，我們叫作「心理契約」（Psychological Contract）。就像正式的合約，心理契約也有互助互惠的元素：同事覺得公司為自己付出的話，他也會想為公司多出一分力；當同事覺得公司沒有達到自己的期望時，他會覺得自己也沒必要為工作多走一步。

同事對公司感到失望、內心覺得心理契約破裂時，就會變得不願意做一些沒有明文規定而對公司有益處的行為。這些自覺性的行為可以是同事用新的方法把工作效率提高，也可以是看到其他同事有需要時幫忙「補位」等。簡單而言，工作上越多不清晰的責任而同事對公司沒有甚麼期望時，就會有「小小事都唔做」的情況出現。

公平理論：比較付出和回報

當你很忙碌，但是旁邊的同事卻每天上班玩電話、準時下班，你內心應該會覺得不公平，並想把自己的工作分給其他人吧？

透過公平理論（Equity Theory），我們可以了解工作上的公平性對員工動力的影響。每一位員工也會衡量兩個方面：付出和回報。付出可以是工作量或工時等，回報可以是薪金、上司的讚賞或晉升機會等。而標準就是用相同的同事來定，例如以同等職級或同一部門的同事作比較。公平的話，員工都會有動力工作；不公平出現時，員工就會努力令付出和回報是和其他同事相同。

如果覺得自己和同職級的同事對比起來工作量一樣，但收穫比較多，有機會產生內疚感，於是會想做更多的工作。相反，如果覺得自己付出很多，卻得到一樣的收穫，同事會想辦法減低自己的工作量，這就會導致同事想卸膊給其他同事或向上司反映工作量過多等。

如何避免同事卸膊？

減低社會惰化

既然我們明白了造成社會惰化的過程，我們可以做甚麼來避免它的發生或改善同事們的習性呢？

首先，我們可以先看看團隊的大小和同事們之間的關係。如果是因為團隊太大，同事間的溝通和互動不足夠，可以先着重改善同事的親密度。在一個大的團隊裏，可以分成小一點的隊伍，例如把有相同工作的同事組成一組分發工作，或者透過團隊建立工作坊讓同事們進一步了解大家。工作關係好一點的話，同事之間會有更強的團隊精神和同理心，也能令大家更想為公司出一分力。

有研究發現，目標設定比懲罰能更有效地減低社會惰化。目標設定就是定下明確的目標，並列出清晰的行動，近年比較多人提及的有 SMART Goal。而在行為主義心理學上，「懲罰」就是做了某種行為之後的負面後果。在工作上的一個例子就是同事出錯，上司就會給他們負面的反饋，希望他們不再犯同樣的錯。簡單來說，遇到卸膊同事時，不要只是怪責同事，可以試一下和他們一起建立共同目標，並定下如何達到這些目標，也可以清晰列出各人的權責。

增加組織公民行為

在辦公室裏，總有些同事會主動做一些不是自己工作範圍內的事情，例如：為新同事介紹辦公室設備、在會議後幫忙收拾文件、看到其他同事太忙的時候自動請纓幫忙等等。多一點這些「組織公民行為」，同事就不會只顧自己眼前的利益或方便而卸膊了。

和組織公民行為有關的主要元素有四個：利他主義、盡責性、禮節和體育精神。同事之間可以製造一個互相幫助的工作環境，工作上以禮待人，而且一定要對自己的工作負責任。如果覺得現在的團隊沒有自己期望的氣氛，不妨利用互惠性的原理，先踏出一步，幫助有需要的同事，期望藉此改變團隊工作的文化。

建立心理擁有感

試想想，比起租回來的汽車，你會更珍惜和保護自己完完全全擁有的一輛汽車。同樣道理，當一個人認為某項工作是屬於自己或自己擁有組織的某部分時，他們會為工作拼命，希望可以好好完成那份工作而令組織變得更好。心理擁有感（Psychological Ownership）不但與組織公民行為息息相關，它也會令同事更有「犧牲小我，完成大我」和想保護公司的心態。

心理擁有感是人類與生俱來的需要，擁有不同的東西會給你內在或外在的滿足感，例如：自己擁有的房子、努力讀書得來的好成績等。在工作上，我們要令卸膊同事明白某些工作是專屬他

們的，而且他們在這項工作上的貢獻是獨特的，除了他以外也沒其他人做得到。即使是做客戶服務的前線員工，他們的工作都一樣，但個人的長處和獨特性也可以不同。這些時候經理的管理技巧就變得重要，他們要懂得利用輔導（Coaching）讓同事看到自己的獨特貢獻。

公平的分工

作為經理，有時會覺得某個同事「好做得」，並想給他更多的工作。又或者看到一個喜愛卸膊的同事，想避開不給他工作，這時候便要注意這個同事對等的其他同事的工作量。

根據公平理論，如果卸膊的原因是不公平的分工，那就要由源頭着手，改善分工的制度和平衡各人的工作量。如果只想給其中一個同事更多的工作，最好他是有更高的薪酬或更大的晉升機會。除了分工過程外，工作量的透明度也很重要，這是同事之間對比的一個重要元素。如果是工作分配得公平的話，工作量越透明，同事之間會明白自己的工作量是合理的，也就會減少卸膊的機會。

對付卸膊同事小貼士

不想要卸膊同事，自己更不想是別人眼中的卸膊同事。明白了卸膊的心理理論後，以下有一些日常的工作小習慣是可以幫助我們面對別人卸膊或避免自己成為卸膊同事的。

- 定期與上司見面達成工作上的共識，令自己及上司都清楚甚麼工作是你的責任。
- 開會時，把各人的職責都說清楚和定下清晰目標，避免誤會發生。清晰的責任也可以令團隊溝通更好和提高效率。
- 分配大家的工作後，「白紙黑字」用文件或電郵記錄下來，以防某天同事改口說那不是他的責任。
- 如果同事公開地卸膊，不妨使用之前記錄下來的工作分配提醒一下那項工作是他的責任。
- 同事之間分享工作日曆，可以看到大家的行程，也可以更了解團隊內的分工，令工作量更平均。
- 管理層可以定期使用試算表，以表格形式看看同事在不同時間點的工作量，避免某些同事長期工作量過重。
- 當同事為了其他隊員多做了一些工作，不要忘記給他讚賞，並說聲「謝謝」。
- 製造互相幫助的團隊文化，從先幫助別人開始！

心理檔案
實錄

Karen（化名）是應屆畢業生，在一家大企業的行政部工作了兩年，主要處理有關進出公司大廈權限的文書工作。當有同事新入職或者離職時，她就負責處理所有相關員工證的工作。兩個月前，Karen 終於得到她第一次升遷的機會，從一個行政部助理升為行政部主任。當然升遷代表她負責的工作多了。除了原本的工作外，現在她也要輔助一些大廈維修的工程項目，並要管理一個助理同事（姨姨）。

與助理商討彼此的分工

助理姨姨已經在公司工作了 15 年，一直都是在行政部做有關大廈維修的工作。一日復一日，她每天做着同一樣的工作，覺得工作安穩就心滿意足，也不太期望升職加薪。有時候，Karen 叫助理姨姨做事時，助理姨姨都會一面嫌棄地說：「這個你也會做呀！」。Karen 卻覺得同組就是要一起合作，而且助理姨姨還有空每天在上班時間網購呢！

為了增加助理姨姨的責任感，Karen 決定每個月也花一個小時和助理姨姨坐下來，討論部門未來的大方向和需要完成的事情，並讓她了解自己在這些工作上的重要性。每當助理姨姨完成一個工作之後，Karen 也會給她一個適當的和清晰的讚賞，例如：「謝謝你！幸好有你才知道要怎樣叫這些維修人員進行這個工程。」好讓助理姨姨知道自己做好了甚麼事情，而且這件事是只有她才能做得到。

分析及應對

更多的溝通除了讓助理姨姨明白自己每天做的事原來是為了其他同事有一個更好的工作環境外，她也更了解 Karen 的工作量，比之前更願意幫忙，因此她們的感情也變好了。Karen 也運用到讚賞的原理鼓勵助理姨姨，令她對工作更有熱誠。

由此可見，遇到卸膊同事不要只是採用怪責，而是先嘗試利用不同方法令他們肯定到自己獨特的貢獻，並以鼓勵的方式令他們對自己的工作負責。

參考書目／文獻

- *Team Size, Dispersion, and Social Loafing in Technology-Supported Teams: A Perspective on the Theory of Moral Disengagement*
- *The Impact of Psychological Contract Breach on Work-Related Outcomes: A Meta-Analysis*
- *Social Loafing: A Review of the Literature*
- *The Nature and Dimensionality of Organizational Citizenship Behavior: A Critical Review and Meta-Analysis*
- *THE STATE OF PSYCHOLOGICAL OWNERSHIP: INTEGRATING AND EXTENDING A CENTURY OF RESEARCH*
- *The Role of Justice in Organisations:* A Meta-Analysis

第3章一同事篇

3.3 心理剖析 一流同事的特質

何謂「一流」同事？是否願意合作，順得人意，就是「一流」？職場上如何界定一位理想的合作夥伴呢？從團隊 Teamwork 運作的角度看，一位願意參與、肯付出的同事算是「一流」的夥伴。一個團隊猶如一支足球隊伍，大家有共同目標，互相補位，因應形勢與對手，不斷調節和部署才會踢出成績。若人人自高自大，縱然個個都有一流腳法，但只顧「獨食」，難有作為。那麼如何造就「一流」同事呢？

五大性格特質

最常用來分析不同性格的理論是五大性格特質（Big Five Personality Traits），五個特質或元素拼合成 "OCEAN" 這英文縮寫，特質包含：O 代表 Openness（開放性）；C 是 Conscientiousness（盡責性）；E 指 Extravertion（外向性）；A 是 Agreeableness（親和性）；N 代表 Neuroticism（神經性），解作精神緊張度。

開放性

開放性高的同事，在幻想力、審美、感覺、行動，意念的傾向較多。他們意念比較多，願意表達及採取行動，接受外間的

人、事、物，並喜歡與人接觸，交流，互動，對新事物或意念會有較大的接受程度。與一位開放性高的同事或上司共事，可以有傾有講，容易合作，較能發揮表現，做出成績。

盡責性

盡責性就是做事認真、盡責，較能定下目標，並自律地完成。個人的盡責性可從六個維度了解，包括才幹、條理、責任感，追求成就，自律及審慎。這些特質都是如何落實完成工作，若你的同事或下屬有這些特質，你可以安心委以重任，因為盡責性強的同事自我推動（Self-drive）的意欲較高，令人感受到盡忠職守，永無甩拖！

外向性

外向性的朋友喜歡人際互動，追尋外在事物的刺激和動力，行為表現是較為健談且給人有活力感覺，從五個維度了解外向性同事，就是熱情、合群、決斷、好動、尋找刺激，擁有外向性特質的同事較多展現樂觀及正向情緒，為團隊帶來新氣象和活力。

親和性

親和性，顧名思義就是較易與人相處和合作，從六個維度了解一位同事的親和性，就是信任、坦誠、利他、順從、謙遜、體諒，擁有這些特質的同事，多以人為本，考慮他人感受，願意坦誠分享，與組員融合，求同存異，換位思考，甚至可能給人順得人意的感覺。

神經性

　　神經性是個人面對外在事情的情緒反應的穩定程度，如程度較高者即情緒反應較高，或被人感覺精神緊張，容易出現焦慮或恐懼，擔心等情緒。衡量個人的神經性可從焦慮、憤怒敵意、抑鬱、自我意識、衝動性、脆弱度理解。若在以上各方面的傾向較高者，顯示他容易受壓及有負面情緒。情緒沒有好壞，它給我們訊息作為保護自己的提醒，若一位「健康」（身心各方面平衡）的同事，適當的神經質讓他們緊謹行事，甚至幫助團隊了解潛在問題，不會一直向前衝，而忽略當中的風險。

　　每個人都擁有以上五個特質的不同傾向，沒有完全的好與壞，視乎個人處身的環境及對周遭環境與人物的互動，所產生的影響。所以「一流」與否，是相對的！

DISC 行為取向

　　除了五大性格特質去發掘及了解「一流」同事外，另一個心理學說是 DISC Behavioural Preference，從行為取向角度，勾勒人類行為可歸納為四個主要輪廓，由於以四個特質的簡稱為形容，所以名為 "DISC"。明白此四種行為特質，有助了解同事傾向，如何合作，能夠做到知己知彼，互相補足。以下特質各有長短，若能以健康，平衡發展，有利團隊運作和發揮，若偏向某方向，就會導至失衡。其實在職場上，以上四類型的同事都是需要的。

支配性

是果斷，直截了當，目標為本，重事情多於人情，專注成果。有這類特質同事會起帶領作用，行動取向，以達至成功。不過，行為過了位，有操控他人的感覺，對別人造成壓力。此特質的同事或主管會獨斷獨行，窒息他人的意念和願意，所以自覺及以團隊為重，才較被同事接納。

影響性

喜歡與人接觸，交往，建談，好交際，給人感覺是熱情，在團隊有激勵他人的作用，能夠聯繫各同事，若發揮正面影響，能夠促進大家合作，否則過分多言，成了「吹水唔抹咀」，只説不做。

穩定性

着重凡事穩陣行事，達至可預測的環境及結果，較多以人為本，着重團隊合作，給人友善感覺。這類同事令人感覺順得人意，願意合作。不過，若過分穩定（陣），凡事擔心出亂子，較易出現緊張和憂慮的狀況。

服從性

追求準確度，以事實，標準，系統和嚴謹為重。有此特質的同事，講求客觀、精確，做事認真，少談感受及人情。所以，若過於服從性，凡事按規則而行，少了彈性，過於挑剔，令人感覺冷漠和疏離。

第3章｜同事篇

Peter（化名）在銀行業工作已廿多年，最初從事後勤支援，累積一定實務經驗後，由於喜歡與人接觸及分享，後轉職至內部培訓工作，希望作育英才。以五大性格特質來分析，他為人開放，年屆 40 多歲仍然不斷學習，考獲三個碩士學位，並持續進修，獲取多個不同領域的專業資格；由於愛讀書，所以被同事冠以 "Professional Student"、「人肉搜尋器」稱號，因為他對甚麼培訓項目或資訊都能夠找到。

親和個性善於與人接觸

Peter 親和力極佳，尤其喜歡聆聽別人的情感，甚至深層的需要，並以他人或團隊為重，有時甚至犧牲自己利益，如金錢和時間，不辭勞苦地去幫助他人。所以主管覺得他更適合從事輔導或教練工作，人緣甚佳，非常順得人意而忽略自己的需要或感受。

由於 Peter 喜歡接觸新事物和朋友，給別人感覺是外向型，但心底裏，他並不是典型的外向型特質，透過與外界的人和事的互動而尋找刺激和能量，反而他較喜歡獨處，特別是遇到失落或不如意時，更會獨自一個人去面對。

另一方面，他在家中排行最小，現在仍然單身與年邁的母親同住，沒有太大的家庭負擔和壓力，特別在紀律方面較為鬆散，很多目標定下來，都有中途放棄的情況。在工作上，他因為喜歡查看及搜尋資料，每次開展新的培訓項目，都花了很多時間做資料搜尋，卻沒有一個落實的時間表，導致課程設計及教授上出現鬆散，效果不佳。

主動協助同事的理想夥伴

Peter 個性偏向緊張，如花太多時間看資料，忽略課程設計的功夫，便出現精神緊張，甚至焦慮的情況，需要他人從旁協助。又或他在教授課程中，若表現或學員反應不似預期時便會出現沮喪，或抑鬱的情況。

十隻手指有長短，Peter 雖然傾向緊張，有時做事，特別在培訓準備中缺乏紀律；但他卻是一個很出色的 Team Player，當他狀態處於輕鬆自在的時候每有洞見，樂於聆聽，主動協助同事完成工作。主管有見及此，會安排他當助教，從第三者角度去分享，反而令 Peter 更輕鬆自在，發揮所長，他可以指出學員精闢獨到改善之處；所以主管會安排他做教練或輔導的角色，這更令 Peter 及參加者樂在其中，發揮所長，所以無論任何類型的同事，只要放對位置，就會成就大事，成為一位「一流」同事。

第 3 章｜同事篇

3.4 一流同事需要正向領導

一流同事需要有理想的工作環境及出色的領袖帶領才有一流表現，近代心理學研究以正向心理為主流，因為心理學的出現主要從研究病態出發；自從 1998 年美國心理學會（American Psychological Association） 選 出 Martin Seligman 為會長，他提倡心理學應了解及發揮人的強項，自始研究人的正向心理特質成為主流，他亦被稱為「正向心理學之父」。

領袖從日常工作中發放正能量

正向心理學帶出人類正向特質，延伸至領導才能，稱為「正向領導」（Positive Leadership）。正向領導源自美國密芝根大學管理及組織學教授 Kim Cameron 提倡，並於 2012 年首推著作 *Positive Leadership - Strategies for Extraordinary Performance*，中譯為《正向領袖 —— 創造出非凡表現策略》。

Kim Cameron 倡導的正向領導，塑造正向氛圍，培養非凡表現，他提出一個正向領袖的 4P 策略如下，4 個 P 代表 Positive 正向之意，包括：1. 促進正向溝通（Positive Communication）；2. 賦予正向意義（Positive Meaning）；3. 建立正向關係（Positive Relationship）；4. 塑造正向氛圍（Positive Climate）。

促進正向溝通

就是主動與成員進行良性對話，在對話中建立信譽，並從中傳達可能的訊息。正向領導需要有同理心，了解成員的需要，並與成員在日常溝通中作出主動建設的回應（Active Constructive Response），重點是在日常對話中，多作正面、欣賞的回應，儲存多點正能量；因為人際關係在乎日常溝通與關懷，點滴累積感情，才能建立持久的關係。

另外，領袖能否建立領導的風範，就是以言教加身教，帶出言行一致，一視同仁，以正面模範，帶出感染力量，並在日常對話中帶出「能夠做到的精神」，並且對成員建立正面期許。才能令員工敢發言，多嘗試，發揮所長。

賦予正向意義

領袖在溝通的過程和互動中，如何在工作中賦予及強化意義所在，帶出工作的影響和不同，包括成員對結果，持份者或社群的貢獻，工作本身不單是「打好份工」，而是實踐使命，包括工作或使命帶來的正面影響，工作所創造的價值或美德，長遠的果效或對社群的貢獻。正向領袖需要了解成員的強項，並善用他們的強項，放對位置，成就大事，讓成員了解自身工作所創造的價值。

第 3 章｜同事篇

建立正向關係

就是連繫組員間的密契，達致協同效應。筆者以 BIND「連結」來形容這狀態。

- B 是 Buy-in 認受，成員是否心悅誠服接受領袖的路向視乎有否參與（Involve）或看法有否受重視，英文有說 "No Involvement, No Commitment"，領袖會否邀請成員參與決策，還是只告知（Inform）決定後的安排，又或給予成員有選擇的權利，還是一言堂，對成員來說都感覺有否被重視。

- I 是邀請 Invitation 之意，領袖要求成員完成工作，是以命令的口吻，還是賦予一份榮譽的感覺呢？前者是帶要脅的姿態，後者是一種邀請的態度，受邀的成員有權作出選擇，方法亦由成員決定，這樣成員的成就更強。

- N 是 Network 網絡之意，作為領袖我們會以「我們」為主位，建立互信、同心，還是以「自我」為中心？大家互相支持，效力，更能令團隊發揮。

- D 是 Direction 方向，一個團隊能夠走在一起，大家發揮所長，有賴共同目標，並將目標化為更大的價值，大家心有榮焉，領袖有否招攬成員意念，對準方向與步伐，發揮 1 + 1 比 2 更大的協同效應呢？

塑造正向氛圍

　　就是以上三項措施的終極手段，作為領袖可以是 Cheer Leader，就是在實踐目標的過程中不斷 Cheer Up 為成員打氣，引發正向情感，當中如何令成員賦有能力，給個別成員有發揮機會。因為真正的領導力不是任何時刻都由領袖帶領，而是適時放手，由成員輪流擔當領航員的角色，所以 Leadership 又可稱為 Leadershift，這樣才會創造一流的員工，並不斷燃亮成員的熱誠，敢於挑戰現況，提出問題與解決方案，並創造一流的氛圍感染各員工，那麼無論任何年資，任何特質，任何時段加入的員工都有發揮的空間，達至持續的成功。

　　Vida（化名）是人力資源部主管，在機構工作差不多廿多年，深受同事愛戴，因為她經常以正面角度看事情，比如當團隊面對重大的挑戰時，她會提醒大家：「不要為明天而憂慮，也不要為未發生的事情而擔憂。」來振奮人心，令同事在難關當前都勇於面對。她在公司廿多年建立了威信，很多同事，不分職級都會主動找她傾談，因為她多以朋輩的角度對待每一位同事，關心他們的工作，更關心他們的家人，對團隊內各同事的家人都瞭如指掌，表達關愛之情。這點對前線的同事尤為受落，所以公司上下都十分尊重及推崇 Vida 的領導。

凡事以人為本

　　Vida 着重同事間的支持和鼓勵，遇着較為霸道的同事，壓迫員工時，她會主動溫馨提醒；遇着受壓的同事，她會聆聽並且多作鼓勵和支持；以一位人力資源主管管理二千多人的公司，時間有限，但 Vida 總會以人為本，花心思，放時間與同事傾談和飯聚，內容不只在工作上，而是人生，家庭及未來。

Vida 在溝通中經常給予同事正面訊息和能量，記得一次年終表現評核，她除了激勵筆者帶領團隊做出佳績外，更邀請眾培訓隊員到她房間，勉勵大家：「人力資源為公司做好管家，更有賴培訓團隊打造出色人才，為部門添色彩，多謝你們過去一年的努力！」讓我們每一位同事都受激勵，視培訓為抱負，及後不少同事離職在不同機構服務，這段說話都成為同事的座右銘。

時刻為同事開路

最後不可不提，做真正的領袖不只是說，而是言出必行，不以言教，更以身教。她經常說要了解同事需要，給予鼓勵和支持，不是口講，而是行動。最為傳頌的是，她每次與筆者或同事傾談，安排工作後，她會以：「有甚麼需要幫忙？」這句說話可能是結束會議的對白，但它帶有力量和重量，亦是一個對雙方承諾的期許，同事可能有所要求，比如：「Vida 可否跟部門主管先聯絡，打聲招呼，方便我們跟進。」Vida 隨即拿起電話或傳送電郵，與相關部門主管溝通，為同事開路，反而令同事更落力，因為真正的領導力量就是以身作則，發揮模範的作用，感染身邊人。

參考書目 / 文獻

- Rothmann S., Coetzer E.P. (24 October 2003). *The Big Five Personality Dimensions and Job Performance*. SA Journal of Industrial Psychology.
- Matthews G., Deary I.J., Whiteman M.C. (2003). *Personality Traits*. Cambridge University Press. ISBN 979-0-0521-83107-9. Archived from the original (PDF) on 2014-12-05.
- De Bolle M., Beyers W., De Clercq B., De Fruyt (November 2012). *General Personality and Psychopathology in Referred and Non-referred Children and Adolescents: An Investigation of Continuity, Pathoplasty, and Complication Models*. Journal of Abnormal Psychology. 121 (4): 958-70.
- *DISC History*. Centre for Internal Change. Retrieved 11 July 2021.

第 4 章

下屬篇

撰文 謝建璋
　　 賴綺雲
　　 黃子健

職場上，總會出現不同類型的下屬。有下屬與上司特別有默契，工作時份外起勁；但有些下屬可能「唔聽教」，不只影響工作效率，更會挑起人際糾紛。

4.1 心理剖析 各式各樣下屬

正在看這個章節的你在工作中有「下屬」嗎？照道理，你的下屬應當是在你之「下」，作為一個人力資源他也都應該「屬」於你的，聽教聽話……就像你對自己的老闆一樣！對嗎？當然不是！在筆者的培訓工作中，看到不少人都因為管理同事而頭痛，這也是為甚麼領導力會是 I/O 心理學一個很重要的研究課題。

下屬有甚麼問題？

雖說與人相處是「人夾人」，加上下屬有許多種，不論上司的年資有多深，工作經驗有多豐富，有時都會被「唔聽話」的下屬影響。但每天面對下屬的問題可能多不勝數，以下所列當然只是部分，絕不是全部。

- 下屬怎樣教也改不好壞習慣；
- 下屬做不妥當又不願意學；
- 下屬識做，但不願意做新工作；
- 下屬以前做得很好，但追不上時代的步伐；
- 下屬非常積極，但不知道自己能力遠未達標；
- 下屬非常積極並且能完成工作，但給人感覺太囂張。

下屬的發展階段：是愛還是責任？

就像小孩子的成長環境對他們成為甚麼人有很大的關係，下屬的表現也與他們的工作階段息息相關。要理解下屬的不同生態，我們也許先從他們的工作歷程上去了解：

事業初期：仍是學生哥

還記得剛踏入職場的你？是不是對工作充滿期許，希望在這個自己有興趣的範疇內一展所長，做個「Work hard play hard」的年輕人？剛踏入職場的新鮮人，大多都對工作擁有熱誠，也許是因為甚麼都不懂，所以往往比其他同事更加願意努力學習，令自己能早日獨當一面。可惜，新同事對工作環境、處事未有太多經驗前，容易在工作中犯下各式各樣的錯誤。習慣了上課考試的他們，容易將以往的「生存模式」直接搬到工作環境裏，不過職場始終和學校實在差距太大，這在 4.4 的「自我中心」篇有更詳盡的探討。

事業中期：興奮減退

到了你的工作開始上了軌道，慢慢你覺得原來工作並沒有那麼令你興奮，以前各種大大小小的「機會」和「新事物」，到了今天都變成了你的一切如常（Business As Usual, BAU）。加上年紀漸長，有了家庭和另一半的負擔，當初熱切投身的職涯彷彿變為了你的工作。每一日你只想快點歸家，返工？Hea 過算了。

第 4 章 — 下屬篇

事業後期：缺乏變化

來到工作後期，已經成為 Senior 的你歷經無數滄海桑田，一個又一個的金融海嘯、政治變化過去了，你依然在這公司。看着今非昔比的環境，未好好掌握新技能的你不再像從前一樣精明能幹，你的做事手法和人事管理，完全沒有受到那批乳臭未乾的小子的青睞，更給了你一個新的名字：「老海鮮」（Old Seafood）。

以上的發展時期，也許你和我都曾在某一個階段遇過，但也不意味着，我們每一個人都要依循這個既定路程去走──你的下屬也是。只要你能夠多加理解他們的心態以及成因，就可以好好引導他們向更好的階段進步！

二 世代不同？領導下屬也大不同？

影響一個人的不單單是他們所在的工作環境，還有整個社會環境。在香港經濟尚在起飛階段，「鬼叫你窮呀！頂硬上呀！」可以説是舊時代的寫照。為了三餐溫飽加上「車仔屋仔老婆仔」，大家都憑着一股「獅子山精神」努力拼搏。機遇處處的環境之下，只要肯捱總有出頭天。但今天的職場環境和過往豈可同日而語？沒有太大的經濟負擔，要「上樓」又彷彿遙不可及。新一代在畢業後不會急着找工作，因為不適應工作而裸辭的也大有人在。要領導好這一代的下屬，似乎也不容易呢！

4.2 第一特徵：
滑晒瓦（老海鮮）

俗語有云：「一樣米養百樣人。」在職場上，總會出現不同類型的下屬。當然，有些下屬與上司特別有默契，使雙方在工作時會特別起勁，從而做出理想成績。不過，某些上司亦可能遇到「唔聽教」下屬，讓前者生氣之餘，還把工作弄得亂七八糟，甚至挑起人際糾紛。其中一種在職場上較常見的「唔聽教」下屬，就是一種名為「滑晒瓦」的下屬。

甚麼是「滑晒瓦」？

顧名思義，「滑晒瓦」下屬是一批對工作既無衝勁，也無目標的員工。每天上班，他們只會完成既定職責，不會主動付出額外努力將工作做到最好。面對上司所提出的任何工作改動，「滑晒瓦」下屬大多會提出不同原因加以拒絕。縱使最後要接受有關改動，但他們亦會以被動方式，執行相關安排。此外，這些下屬較着重個人利益，而非他人或公司利益。一般而言，在公司的「老海鮮」員工中，相對較容易找到這類「滑晒瓦」下屬。

第4章｜下屬篇

二 為何有這麼多「老海鮮」？

在各行各業中，「老海鮮」員工的蹤影是隨處可見。簡單而言，「老海鮮」一詞源於港式英文 "Old Seafood"（註：發音近似「老屎忽」），意指一批在公司工作多年，非常熟悉自身工作範疇及內部操作，甚至擁有強勁人際網絡的員工。事實上，「老海鮮」員工不分性別或職級，同時也不一定是年紀較大的員工。透過運用上述優勢，這些員工期望可以在公司內付出有限的個人資源，換來最大的個人利益。

羅馬非一日建成！過往，「老海鮮」員工或許是一群對工作有憧憬及幹勁的僱員。但隨着歲月流逝，他們可能遇到某事情，最後導致出現上述的工作形態。若想有效應對這類員工，上司不但需要知道他們的行為和心理特徵，還要明白有甚麼原因，導致他們成為當前這種「老海鮮」員工。

享受固有的安全感

一般來說，鍊成「老海鮮」員工的原因可分為個人和公司方面。在個人方面，每個人的生活都需要擁有高度的安全感，以達致身心健康的狀態。在職場上，「老海鮮」員工因為在公司工作多年，已經非常熟悉內部操作和自身的工作範疇。所以，他們已擁有一定程度的安全感。如果在工作上遇到新挑戰或轉變，這樣會使「老海鮮」員工感到不安。為了維持這份安全感，他們會盡力避免在公司裏應對任何新事物，從而使自己不會陷於不安的狀態，影響個人的身心健康。

同時，由於「老海鮮」員工在公司工作多年，所以他們未必再有大幅度的事業發展。其實，持續的事業發展是可以提升個人的自我形象及價值。但對「老海鮮」員工來說，基於不同原因，例如缺乏進階工作技能的出現，使他們難有機會去進一步發展事業，繼而影響自我形象和價值。如果「老海鮮」員工希望在公司保持良好的自我形象及價值，就需要在熟悉範圍內，展現出眾的個人能力。這個情況亦解釋了他們為何不願意在工作中接受任何改變。

付出未獲公司肯定

在公司方面，「老海鮮」員工有時會覺得自己所付出的努力，並未獲得公司的認同。當他們主觀相信其他同事的工作回報比自己較高，但後者對工作所付出的成本卻比自己為低時，「老海鮮」員工就會感到沮喪和不滿，並認為公司忽略他們所作出的貢獻。久而久之，這種想法和情緒狀態會促使他們減少對工作的付出，並且會透過公司的內部操作，擴大自身利益。

再者，公司制訂政策的模式也可能是鍊成「老海鮮」員工的原因之一。普遍來說，員工都希望在工作上有一定程度的自主性，可以參與政策安排的制訂，繼而再提升工作效率。不過，如果公司在進行上述操作時，忽略員工的參與和意見，這樣會讓後者逐漸減少對工作的付出，甚至拉遠與公司的距離。若情況沒有改善，員工就慢慢對公司的事情漠不關心，以及只專注自身的工作範疇。最後，他們亦會漸漸成為「老海鮮」員工的一份子。

第４章一下屬篇

上述因素只能解釋部分「老海鮮」員工的「成長故事」。當然，每名「老海鮮」員工都會有獨特的背景。故此，除了準確掌握這些員工的工作特徵外，上司也要確切了解他們的個人情況，才可以作出有效應對。

♞ 怎樣說服「老海鮮」做額外工作？

當清楚知道「老海鮮」員工的狀況後，上司就能夠制訂合適方法，提升員工對工作的參與程度。比如，「老海鮮」員工普遍只願意參與既定工作，並拒絕處理職責以外的任務。若要他們完成額外工作，上司可以根據公司的操作守則，向有關員工作出清晰指令，要求做好所委派的額外工作。在這個情況下，「老海鮮」員工亦會接受並履行那些工作要求，但效果卻會較為短暫。因此，上司有可能需要考慮其他方法，使效果得以持續。

運用群眾壓力

在某些情況下，上司也可考慮運用公司內的群眾壓力，迫使「老海鮮」員工作出更多的貢獻。若果「老海鮮」員工的工作表現能影響其他同事的工作進度，上司可以作出合適的工作安排，使受影響的同事確切感受到，「老海鮮」員工是如何拖累他們的工作效率，甚至整體表現。為了避免造成進一步的傷害，相關同事會對「老海鮮」員工作出集體回應，促使他們增加對工作的參與度，並主動承擔更多責任，以減少上述問題的出現。不過，若果「老海鮮」員工對工作或公司抱着很大的疏離感，就會影響成效。在這個情況下，上司宜作出多點準備，應付突如其來的變化。

我們都是「自己人」

在華人社會裏，「自己人」這個概念經常被應用於解釋職場中的人際關係上。有別於一般的正規從屬關係，「自己人」概念是根據個人的背景特徵，例如家庭背景、教育程度或社交活動等，與其他人建立共同擁有的身份認同。在這種身份認同下，彼此雖不存在任何從屬關係，但卻有着相互的情感依靠。由於「自己人」概念的形成，個人思想和行為都會容易受到其他相關人士或群體所影響，繼而產生變化。

針對「老海鮮」員工的案例，上司可以根據前者的個人背景找出共通點，繼而與他們進行持續性的互動交流。透過這些活動，上司便有機會跟「老海鮮」員工建立共同擁有的身份認同，成為他們的「自己人」。當雙方都有一定程度的情感依靠後，上司就能夠以「自己人」的身份，影響「老海鮮」員工承擔更多工作任務，付出更多貢獻。無可否認，這個方法會讓「老海鮮」員工由衷地履行額外工作，但上司也需要持續付出時間及心思，與後者一起經營上述關係。縱使「老海鮮」員工有特定的工作模式及特徵，只要上司能按個別情況，「動之以情、說之以理。」他們也可再度成為公司發展的一股動力。

♞ 怎樣令「鹹魚翻生」？

正如前文所述，「老海鮮」是一批對工作沒有目標，只抱着「不求有功、但求無過」心態做事的員工。若要讓這些員工「鹹魚翻生」，就需要有效明白和掌握他們的工作目標。一般而言，公司普遍會使用經濟性獎賞，以激勵「老海鮮」員工作出

更多工作貢獻。當然，若果這些員工是以賺取最大經濟利益作為工作目標，這方法固然可以有效讓他們「鹹魚翻生」。不過，公司需要持續運用這些獎賞，才可以令到「老海鮮」員工繼續「發熱發亮」。同時，這個方案亦要適用於其他員工，以避免出現分配不公的情況。

彈性調整工作安排

除了賺取經濟利益外，「老海鮮」員工的工作目標也可以包括其他因素，例如家庭因素。如果工作安排未能讓他們確切地達到目標，就有機會讓他們感到不滿或挫敗，導致減少投入個人資源去做好工作。由此，上司不妨主動了解相關員工的個別工作目標，並跟他們商討如何作出適當安排。在職權範圍內，上司亦可稍作調整相關員工的工作彈性，使他們有能力達到所訂下的目標。這個方法不僅讓「老海鮮」員工更容易產生工作動力，而且也令他們切身獲得其他同事的支持，間接地促進了彼此的連繫。

針對專長重拾動力

上司有時亦要兼任領航員，協助「老海鮮」員工重新找到工作定位。正如前文所述，由於「老海鮮」員工在公司任職多年，因而建立了特定模式和習慣去處理工作。除非遇上突變，否則他們普遍都遵循上述模式，完成任內職責。在這個情況下，「老海鮮」員工會逐漸失去目標及鬥志，最後淪為公司裏的「鹹魚」。

故此，上司不妨根據個別的專長和興趣，協助這些員工尋回工作定位及目標，讓他們重拾工作動力。比如，直屬上司可嘗試按照「老海鮮」員工的不同特徵或意願，幫助他們在公司內發掘「新天地」，例如不同類型的工作項目，以獲取足夠機會發揮個人潛能，提升自身能力。透過上述安排，他們往往可以得到「重生」的體驗，甚至有機會找到新的發展方向和目標。最後，這些因素會驅使「老海鮮」員工再度積極參與工作中。

美思（化名）是在某所科技資訊顧問公司從事行政工作。雖然她的年齡有 40 餘歲，但在公司已任職超過十數年。由於美思是一名基層文職員工，所以她的職務亦只需負責部門的日常行政運作。另外，她也是一對年幼子女的母親。為了建立更好的親子關係，她不單拒絕處理額外的工作要求，還按時下班，從而投放更多時間及資源去照顧自己的子女。

調整工作責任

基於公司的持續發展，美思工作的部門聘請了一名新任主管（唐先生）。雖然他在公司的年資很淺，但在過往已累積多年的管理經驗，在唐先生的工作履歷裏，他負責管理的下屬都具備高度的靈活性，以應付不同的工作情況。對於美思的工作模式，他認為這種形態未能有效協助各部門應對將來的挑戰。所以，他希望找到合適方案，讓美思可以承擔更多的工作責任。

經過與公司商討後，唐先生獲得適度授權，容許他可以按個別情況，自行調整下屬的工作安排。所以，唐先生會因應不同的工作項目，例如準備顧問計劃書，預先通知下屬（包括美思）有關內容，並讓他們有足夠時間作出合適調整，繼而投入額外時間去完成那些項目。如有需要，相關下屬亦可按實際情

況，靈活調動自身的上班安排，例如彈性上班時間或有薪補假。當然，唐先生不會強迫下屬額外付出個人資源去處理工作，但他也清楚說明，這些表現會影響年度績效評核結果和發放獎金的幅度。

美思認為上述安排使她有着更大的工作彈性，以便有效照顧年幼的子女。她也知道，如果希望獲得更多獎金，就需要主動積極參與職務以外的項目；在這些因素驅使下，她逐漸加強參與不同的工作任務，並自願在適當時候超時工作。

分析及應對

表現獲肯定　更願意付出

不久前，跨部門的員工福利委員會進行換屆工作，唐先生深知美思熟悉內部運作，並具備廣闊的人際網絡。若果根據這些條件，推薦美思參與該委員會的工作，她就可以有機會找到新的工作空間，發揮個人所長，並再度建立合適的發展路向。當在部門會議討論這個建議時，美思不單覺得部門對她的表現予以肯定，而且還讓她學習工作以外的知識和技能。結果，美思欣然接受部門推薦，成為員工福利委員會的新任執行委員。

美思的案例清楚說明，員工「滑晒瓦」的表現並非不能改變。只要找到合適「藥引」，他們內心的一團火也可以再次爆發出來。

4.3 第二特徵：佢好 Hea

「可以 Hea 的話，不會郁。」這大概是我們每一個人的心底話。商務軟件公司 RingCentral Glip 在 2018 年的一項調查發現，有超過三分之一的美國打工仔，每日都會在工作中 Hea 足 1 至 2 個小時，一年下來折合有大概約 6 星期左右的時間，遠比正常的年假為多。有趣的是，回應調查中有 93% 的人以「工作態度積極」來形容自己的工作態度，當中受訪者更有四分之一為高層，包括經理至董事級。

Hea 還 Hea，香港大部分打工仔都是勤力一族，工作態度認真。但人生流流長，總會遇到幾個，尤其是職場上千奇百怪，假如遇上做事「勁 Hea」的同事，難免氣上心頭。最慘的莫過於對方還是你的下屬，經常需要你幫忙「執手尾」，若然不理會呢？又會被他扯後腿，輕則揹黑鍋被老細痛罵，嚴重起來隨時連工作也丟掉。「唉！咁可以點做啫？」要應對這種 Hea 做、「扮工」的下屬，亦非沒有辦法。首先當然要知己知彼，了解他們存在的原因和育成環境，然後才能對症下藥。

Hea 下屬是怎樣鍊成的？

「Hea」一字是香港流行用語，大概源於九十年代末，初期主要為年輕人溝通的潮語。有指 Hea 字源自英文的 "Hang around"，意思是遊蕩、漫無目的地消耗時間等。後來有媒體使用此字作宣傳之用，慢慢令 Hea 字變得流通。現在無論是甚麼年紀，只要一講「Hea」字，大概所有人都會明白這是指一種「不認真」、「馬虎了事」的態度。職場上所謂「Hea」，大抵可以分成三大類：無心型、無力型和無神型。

無心型：踢一腳，郁一下

這類型下屬做事態度消極，欠缺主動性，即所謂「踢一腳，郁一下」。這類下屬一般都會本着「多做多錯，少做少錯，唔做唔錯」的心態來「扮工」，工作未必會犯大錯，但往往只會交行貨，完全見不到「有 Heart」，遑論驚喜。

這類型下屬會比較抱有計算心態，經常會以金錢去衡量工作多寡，比較着重外在的推動力。因此，每次當有新工作分派給他時，他的即時反應大多是：「做完有乜着數先？」如果沒有即時可見的回報，無心型下屬只會在限期前把工作以最低要求完成。反正，他會想：「做得好，下次咪又叫我做？」

無心型的員工多數入職時間比較長，然後隨着年資增長，但事業並無太大發展，工作亦沒有任何改變時，他們的心開始慢慢變小。對，他們會變得「小心」：一方面動力欠奉，即所謂「無心機」，因為他們覺得就算多花心思，也不會得到太多賞識，

亦沒有實質的回報，於是工作不再投入。另一方面，他們處事也傾向小心謹慎，一於「快快樂樂上班去，平平安安下班去」，只要沒有出錯也就夠了。這類型的下屬不少為「老海鮮」，但亦有一部分員工雖然年資不算太長，但由於比較着重外在的動力因素，例如薪金、職銜、福利等條件，而這些條件往往無法經常性地調整，故此慢慢於工作崗位中失去其心。

無力型：總要人來「執手尾」

由於能力不足，所以無力型的下屬做事不講求質量，但求盡快完成。和無心型相比，無力型的下屬做事態度不一定消極，甚至當有新工作時會表現得躍躍欲試，感覺積極投入。無奈因為他們大多自視過高卻又缺乏適當技能，又或對工作的標準不甚理解，於是一般情況下他們工作的質量都會比較低，經常出現一些無謂的錯誤，需要別人為他「執手尾」。由於每次犯錯後都會有人善後，往往更鼓勵無力型下屬「輕裝上班」，不帶腦袋。

無力型下屬無處不在，但稍稍多見於年資較輕的下屬，不單是因為他們的經驗淺，較易低估工作的難度或複雜性，亦由於年資較深的員工，一聽到有新任務時，早已使出「太極掌」，逃之夭夭了。年資較輕的無力型員工 Hea 的並不是態度，而是工作品質，尤其當他缺乏所需的工作技術時，卻又不敢（怕別人覺得他能力低）或不肯（過於自信）去請教其他同事，結果工作出錯。

當然有些例子中的無力型下屬並非從頭到尾都沒有裝上腦袋，但由於所分派的工作實在太簡單，根本不需要經過思考，日子久了，腦袋也開始生鏽，要用也沒辦法拿出來了。

無神型：行屍走肉的模樣

　　基本上單從外觀已經可以判別員工是否無神型。所謂無神，即失去了靈魂、神氣甚至意志，你會發現他們大多帶有空洞的眼神，面無表情，活像行屍走肉一樣。當他從你身邊走過的時候，你甚至會感受到一陣寒意……不，我意思是負能量。變成這種狀態，很大機會是由於長期累積的工作壓力，以及對各種制度或工作分配的不滿，久而久之，就抱有「是但啦！」、「你話點就點！」這種肉隨砧板上的心態。

　　通常無神型剛開始時一定是充滿意志和動力的，就是因為有目標、有夢想，於是常常會在工作之中抱有非常高的期望，內心不停勾劃一幅又一幅的夢想藍圖。然而，職場豈能盡如人意？無期望就沒有失望，所以當你的期望越高，就會發現現實不似預期，尤其下屬對工作項目可能只負責執行部分，在決策部分未能加一把腳，又或者公司並無接納員工意見的文化等因素，都會令下屬很快就習慣一句説話──「哦」。

　　「哦」聽來沒有問題？有否試過約朋友或伴侶去吃飯？當對方問「今晚吃甚麼好？」時，剛開始你一定會有很多意見，但隨着一個又一個意見被否定，到最後無論對方説甚麼，你的反應應該會剩下「哦」、「好」、「你話事啦」……

怎樣拆解 Hea 招式？

　　眼看別人做上司無限霸氣，自己做上司卻處處受氣，心裏不期然大叫一句：「點解要咁對我？」其實，要化解 Hea 招式，辦法仍比困難多。

　　處理 Hea 員工首要分辨是工作技巧抑或是工作態度出事，前者仍然有得救；至於後者，實戰經驗告訴我們工作態度與年資和性格有密切關係，要短時間內大幅度改變，有時只能靠神蹟或將整個人換掉。因此，要處理「無心型」下屬，最好的方法是給予他們明確的目標，以及相應的後果。

訂立目標：能力可達、略具挑戰

　　幻想一下你在同一間公司工作多年，一直在同一個崗位，面對沒有改變過的工作環境，做同樣的工作，如是者匆匆轉眼數十年。你，對工作還會抱有甚麼抱負？

　　「無心型」下屬就是在這個局面下慢慢成型。在他們心目中，「做又三十六，唔做又三十六」，早已放棄上進及拼搏心態。心理學中的「目標設定理論」指出，清晰的目標與工作動力、自我認同、自信心，以及自主性都有正面相聯關係。因此，要推動他們工作，最重要是清楚地讓下屬知道他們的工作表現指標（KPI），明確地設立目標和底線。透過設立 KPI，下屬可以有具體奮鬥目標，明白公司對他們的期望。

更重要的，是訂立一條清晰的底線，一條不能跨越的紅線。舉例如，前線銷售人員，公司可以訂立透過 KPI，指定他們每天要聯絡多少客戶，每月跑多少生意。而後勤員工，亦可要求他們每週完成多少文件及項目，讓員工知道要限時完成要求。有目標當然有後果，當 KPI 已清晰釐定，無論如何 Hea 的員工，總要交數。如果未能達成公司所設立的 KPI，作為上司的你，就要快速給予他們相應的後果。需知「沒有後果」的下聯就是：「睬你都傻」！

或許你會說：「KPI？當然有！但有何用？下屬仍如常地 Hea。」這個時候，你要問自己，有按個人表現、年資、工作能力等條件去設定 KPI 嗎？高效的 KPI 還要考慮一個因素，就是「具挑戰性」。心理學的研究指出，當目標具挑戰性時，只要該目標沒有超出個人能力範疇，達至的成果一定超越簡單的目標。所以當下屬一個月可以「跑數」100 萬時，下個季度不妨提升至110 萬。挑戰不可以一下子提升太多，而完成後亦需要有嘉許，這樣下屬 Hea 的情況應有改善。

有 KPI 當然好，但有些公司為了催谷員工的業績，訂立過多、過高的目標，以為可以加強挑戰性。可是面對「無力型」下屬時，當目標超出他們的能力，由於他們本身的知識與技能不足，無法應付工作要求，處處遇阻礙，自然無心工作。

指示清晰：無腦都做到

　　「無力型」下屬能力欠奉，除了因為自身能力不足外，也可能是低估了工作的複雜性，對工作的指示不清楚，又或者對工作的期望不理解。記得曾經有同事吩咐一位暑假工幫忙準備教材，工作非常簡單，只需把 4 張圖片打印出來，然後過膠再裁剪成 4 份。聽起來好像是基本工作，但原來要錯還是可以錯。下屬並沒有調校圖片大小，結果 4 張圖片大小不一，同事非常生氣，覺得對方 Hea 做，「無心機唔用腦」。但，當初委派工作時，有否清楚說明工作應如何執行？指示不清，每個人自然會按自己的理解行事，得出來的成果也就不一樣。不作假設，每項工作清楚交代，是應對「無力型」下屬的方法之一。

明確分工：容易掌握工作細節

　　當委派工作時，有明確的分工非常重要。下屬開始變 Hea 是因為對工作失去興趣或覺得自己力有不逮；所以分派工作時，若能配合同事的才能和興趣，絕對能減少 Hea 做的機會。其實分工可以是一門藝術，委派工作的策略做得好，下屬自然會產生興趣和動力。

　　分配工作時要把下屬的才能與工作掛勾。委派一件工作，要讓他知道是由於他處事細心、或書寫能力強，而不是見你剛巧有空，隨手找你幫忙。近代的心理學理論指出，當你在工作中找到

意義，動力自然會增強。當你一副「天將降大任於斯人」的樣子把工作交給下屬，無論是「無心型」還是「無力型」，對方總會嚴陣以待，減少打機次數也會盡力把工作完成。

此外，對「無力型」員工也可按其能力分工，例如先分配整項工作的一個部分，清楚交帶所需技巧以及對工作期望，而初期亦可定期檢討成果。到他們熟習該項工作時，就可以再加入新工作。這種分工有助「無力型」下屬掌握工作內容，增強信心。

上述的糖衣毒藥雖然療效顯著，但若遇上「無神型」員工，由於他早已靈魂出竅，所以未必生效。因此，面對「無神型」下屬，在委派工作時需要幫他找回靈魂。其一是邀請他去計劃工作，讓他有適當的自主性；自主是動力的來源之一，當他覺得自己對工作有 Say，投入度也相應地提高。其二，在分工加入 check point，「無神型」下屬需要自定時間表，並依時間表路線圖匯報進度，控制權相對較大。

♞ 怎樣令 Hea 下屬改過自身？

我絕對相信每個人剛開始投入一份新工作時總有一團火，但要這團火持續地燒，良好的環境和足夠的燃料還是必須的。火要燒得猛烈，必須要有一個合適的環境，包括足夠的氧氣，風也不能太大，否則火很快就會熄滅。要下屬時時刻刻充滿動力，我們除了將手指向員工之外，也要自問，你到底提供了一個怎樣的工作環境予下屬？

找回初心

　　近年商業心理學大多講求員工的投入感，因為各方面的研究均指出，投入的員工無論在工作的產量和品質都比一般公司為高。要令 Hea 員工改過自身，短期當然可以使用上述方法去改善，但長遠必須要令員工投入，找回初心，成果才會久遠。

　　讓下屬對工作投入的方法有很多，傳統的動機理論告訴我們，內在動力比外在動力更有效推動一個人，要讓下屬投入，總不能一直升職加薪（外在動力）。要讓他尋回工作的意義，工作上有適度的自由性，覺得自己並非只是執行工具，也要讓他在工作當中有所成長和學習，則可增加成功感（內在動力），有助持續推動一個人向上。

心流狀態

　　更高的境界是營造一個良好的工作環境，令他們自然地進入「心流」的狀態。所謂「心流」，就是一個特殊的精神狀態，當你在極度專注，完全浸淫在一件工作時，效率和創造力會提高，甚至讓你忘記時間和飢餓。

　　試過通宵打機以至廢寢忘食嗎？某程度上這也是心流狀態的一種。要讓下屬進入心流狀態，首先要讓他們熱愛所做的事，當時，他們要具備一定的技能，對所做的事有控制權。此外，工作要稍微具挑戰性，而且要有階段性的回饋和獎勵。最後，要有明

確的目標，並且知道大致的步驟。這些條件聽起來，怎麼好像熟口熟面似的？對，其實要讓下屬投入，找回工作的內在動力，從來都是「工作的意義、技能的掌握、決策的自主」。三大條件，缺一不可。

　　嘉文（化名）在一家零售公司任職五年，工作一直表現良好，每月銷售數字達標，也有一批熟客不時光顧。無奈該公司的員工工作非常穩定，尤其職位較高的同事，年資每每以十年計算，故此向上流動的機會相對渺茫。

調高銷售指標

　　隨着工作年資日長，嘉文開始對工作失去動力，反正工作沒有新鮮感，閉上眼睛收起腦袋也可以把工作完成。而且手上有一批熟客，單做熟客生意基本上也可以達標，無需花太多心力。於是，嘉文慢慢開始在工作時假借聯絡客人的名義玩手機，又會逃避額外的文書工作，對公司的新產品不感興趣，有時甚至會把錯誤資訊轉告客人。

委派新任務

　　明顯地嘉文開始進入「無心」狀態，要嘉文找回她遺失的心，我們首先要調整她每月的銷售指標。由於她不費心力就能達標，代表這指標遠低於她可實踐的目標，有調整的空間。此外，我們明白她對工作失去動力，是由於覺得沒有前景和成長

空間。對此，我們先給予她新的工作，就是要帶一位新同事，用半年時間教導新同事所有公司產品知識和銷售技巧，同時亦承諾如果嘉文能在銷售和教導新人方面達標，公司將調派她到另一家分店擔任管理的角色。

接受了新任務的嘉文對工作重新找到挑戰性和趣味，同時，為了確保嘉文可以應付工作，我們亦要求嘉文每兩個月匯報新員工的學習進展，有需要時可以調整學習計劃。由於銷售指標提高，嘉文除了相熟客人外，亦要擴展新客源。同時，嘉文為了教導新員工，自己也需要重溫產品知識，以及學習指導新人的技巧。半年以後，嘉文順利達標，成功調教出一位優秀的銷售人員，同時個人也在銷售方面創下了新紀錄，順利被派到另一家分店當助理主管。

分析及應對

調整期不宜太長

嘉文的成功，主要是她有了明確而具挑戰性的工作指標，在技巧上也為她提供適時協助，確保她能夠順利執行新任務。當然，確實的回報也非常重要，但要留意的是整個調整階段不能太長。要是嘉文需要達標三年才能作出調升，相信她應該會說：「算把啦！」

4.4 第三特徵：自我中心

隨着越來越多新世代加入職場，關於如何管理新世代的聲音也駱驛不絕。「廢老」和「廢青」等詞語反映出年長和年輕一輩都看對方不順眼，也許除了對社會的看法外，對於事業和將來的前景也造就了兩代人之間的衝突。在管理新世代中，我們最常聽到的便是「自我中心」。為甚麼新世代會被人冠以這個詞？對於下屬這種心態，我們可以怎樣領導他們？

為何許多人都指後生仔自我中心？

有些心理學研究發現隨着近年年輕人的自戀（Narcissism）傾向遂漸增加（Twenge & Foster, 2010）。背後的原因雖然無從判斷，但從現代社會的環境可見，新一代成長的環境，更多是以他們為中心：比起過去六、七十年代年紀輕輕便要打工為家庭謀生，新一代要承擔的更多是父母和師長對他們的期許。生活在社交媒體和科技下的他們，已經習慣被各種手機應用程式「遷就」了。新一代給上一輩比較自我中心的感覺，或許是因為他們的成長環境本身就已經是以他們為中心。

隨時「裸辭」 沒有經濟負擔

心理學家馬斯洛提出的需求層次理論（Maslow, Stphens & Heil, 1998）指出，人先要滿足對生理和安全的需求，即先要確保自己有個安全的居所和能夠飽腹去生存。這情況就像是 60、70 年代經濟剛起步時家庭面對的狀況，在嬰兒潮底下要養活一家人是首要目的。當年對工作的要求，大抵是只要能夠糊口就可以。

現實是，現今的新一代已經不太需要顧及生理需求，因為相對而言他們沒有以往的經濟負擔，「裸辭」現象正反映出這個世代即使沒有工作，也不用怕生活會出甚麼問題。如果我們根據馬斯洛的需求層次去看，滿足了生理需求之後追逐的就是愛和歸屬感，或是對自我的認同感，甚至是「自我實現」（Self-Actualization）等高階需求。我們經常聽到現今一代希望工作能夠「開心」，當中包括的就是有良好的人際關係，或者覺得自己能夠實踐到一己的價值。

追求工作的意義

筆者在與新一代的工作中發現，不少新一代其實並不介意超時工作，他們比較在意的是自己工作有沒有「意義」，例如他們是不是能夠在工作中發揮一己所長或是分擔一些只有他們才能做到的部分。

在疫情之前，有一段時間畢業生在畢業後很流行不立即工作，反而選擇用一年時間去「工作假期」（Working Holiday），更甚者會對較偏遠落後的地方做義務工作。筆者在與一家公營機構工作時，更聽說過不少新一代在工作 2 至 3 年後，有感工作無甚意義，放棄有「鐵飯碗」之稱的職位到外國去「體驗人生」。也許在今時今日，薪金、福利等外在動機的重要性已經沒從前高（當然重要與否也視乎個人的經濟環境），但到底甚麼時候薪金變成一個反映能力的指標？也許對這一代來說，工作更重要的是它能否體現他們的價值。

二 怎樣改變下屬的自我心態？

雖然新一代對自我的重視也不是我們作為上司能夠改變得到。可是，改變不了也不代表我們不能和他們合作得好；相反，他們對自我的追求也許能激勵他們工作得更好。

讓他感受到認同感

新一代和你相處當中，到底有沒有感受到自己的表現受到讚賞呢？也許你會說，他們初來報到，連最基本的事情都做錯，怎樣讚呢？的確，在學校生存了這麼多年的他們，在剛踏入職場時可能會有各種不適，他們需要時間去習慣沒有課程和標準答案的世界，自己的行為都要向他人負責等。在未適應時即使他們再努力去做，也許會有很多不習慣和問題出來。不過，與其選擇責備，我們可以先欣賞他們在這個過程中用心的地方，然後提出改善建議，讓他們知道上司看得出其付出。

讚賞的時候特別要留意的是,我們不應該只說「你做得很好,不過下次⋯⋯」,正如給改善建議宜具體說明甚麼地方要改善,讚賞時也一樣,建議具體指出他們甚麼地方有付出,例如他們花了額外的時間、加了一些自己的心思或是有主動提問等。一個具體的讚賞可以讓對方更感受到你的欣賞。比起單純一個Like,一個正面的 Comment 來得更有價值呢!

由淺入深以便成功上手

如何令同事可以越做越好呢?另一個十分重要的地方就在於他們工作的成功感。研究發現,電了遊戲之所以令人愛不釋手的原因之一是因為他能令人有一種證明自己能力的感覺(Thomas et.al, 2011),這一種感覺對於一個人的驅動力是有莫大關聯(Ryan and Deci, 2000)。透過精心調節的難易度,遊戲能引導我們由淺入深去掌握不同的技巧,再慢慢運用去挑戰更高難度的關卡。每次完成了一個小任務,我們就會獲得不同獎勵,從而更有動力去繼續。

在管理新一代同事時,我們也可以將工作由淺入深去給予同事慢慢上手,由一開始給予他們一些簡單、沒有出錯餘地的任務,再根據他們所學的提升。筆者之前跟一家物業管理公司探討過管理新一代的難題,為了不讓同事一開始工作便「滑鐵盧」,會安排他們先處理一些比較好相處的客戶,令他們能夠先從中得到一些滿足感,更有動力面對其他挑戰。

實習生追求自我發揮

　　筆者曾經接觸過不少新世代的實習生，令我印象深刻的是一位名叫 Nat（化名），一開始沒有太突出表現的實習生。但當我將一個影片拍攝項目交給她去處理時，就發現她比平常的工作更加積極去準備。令我好奇的是，她本身對拍影片並不是那麼熱衷。後來才發現，她覺得比起其他已經上手了的工作，這一個項目有更多能自己發揮的地方，令她更肯去花心機將工作做得好。

參考書目 / 文獻

- Maslow, A. H., Stephens, D. C., & Heil, G. (1998). *Maslow on management*. New York: John Wiley.
- Boyle, Elizabeth,Connolly, Thomas M., Hainey, Thomas. "T*he role of psychology in understanding the impact of computer games.*" Entertainment Computing 2.2 (2011): 69-74. Web. 17 Oct. 2016.
- Ryan, R.M., and Deci, E.L. "*Self-Determination Theory and the Facilitation of Intrinsic Motivation,Social Development, and Well-Being.*" American Psychologist 55.1 (2000): 68-78. Web. 17 Oct. 2016.
- Twenge, J. M., & Foster, J. D. (2010). Birth cohort increases in narcissistic personality traits among American college students, 1982-2009. *Social Psychological and Personality Science*, 1(1), 99-106.

第 5 章

職奴篇

撰文 婁敏華
李芷恩

在香港，工作壓力大早已不是陌生的課
題。無論你是從事哪一個行業及擔任哪一
個職位，是自僱人士或是打工仔，相信或
多或少都受過工作壓力的煎熬。

當「職勞」
成為「職奴」

現世代已發展國家的人均壽命約 80 歲，假設你於 20 歲開始工作，60 歲退休，你將會工作 40 年。普遍來說，工作佔去了我們人生中二分一的時間。同時，一項由精神科醫生 Thomas H. Holmes 及 Richard H. Rahe 於六十年代進行有關壓力及疾病的研究，分析了我們人生中可能會遇到的大小事，列出了人生壓力事件的排行。

認清壓力排行榜

據悉，壓力最大的事是配偶離世，而有關工作項目的事如「被解僱」及「退休」則分別排行第 8 位及第 10 位，可想而知，與工作相關的事可為我們的人生帶來顯著的壓力。在漫長的工作歷程中，少不免會遇上高低起跌，如能掌握應對工作壓力的竅門，學會於職場上保持身心健康，對我們的人生幸福感必定有所幫助。

我們經常說工作壓力，其實有否仔細想過甚麼是工作壓力？工作壓力是從何而來的呢？工作壓力泛指個人因面對一些與工作狀況有關的事件而受到刺激，繼而產生的心理或生理反應，例如面對危機時作出抵抗或逃跑的反應。輕微或適量的壓力可以激勵我們作好準備及提升表現。相反，如果這些外界刺激超出能承受的範圍，對我們的身心健康則會帶來負面影響，更甚者亦會把工

作壓力帶回家或社交圈子，影響我們與親友的關係。再進深一層，常見的工作壓力源又是甚麼呢？

與工作相關的常見壓力源

工作量

- 工作過量。
- 工作時間過長或不穩定。

工作前途

- 欠缺工作發展或晉升機會。
- 工作要求與個人能力或興趣不配合。
- 工作中所付出的努力與所得的回報不成正比。
- 工作上突如其來的轉變，例如升職、轉工、裁員等。

工作環境

- 工作環境欠佳，例如工作環境狹窄、嘈吵、光線不足、空氣質素差等。

人際關係

- 欠缺工作伙伴的支持和缺乏溝通。

機構文化

- 對工作相關的決定欠缺自主權。
- 工作角色及職責不清晰。

工作與家庭平衡

- 工作繁重，未能兼顧家庭責任。
- 缺乏家人支持。

靜心去回顧工作生涯

　　請你現在安靜下來，回顧你的工作生涯，同時感受一下你的工作現況，你認為自己有多常面對以上的處境呢？或許，我們可以先從一個宏觀的角度看看香港工作壓力的狀況。

　　職業安全健康局委託香港嶺南大學應用心理學系於 2017 年 8 月至 2019 年 3 月期間，開展了一項「工作壓力對香港社會和經濟的影響」之研究，向 2,032 名年齡介乎 18 至 70 歲僱員進行問卷調查。參與調查的對象來自多個行業包括 1.建築、2.教育、3.人類保健服務、4.金融保險及資訊、通訊、5.公共管理、6.住宿和膳食服務、7.交通運輸及 8.進出口、批發和零售業。報告顯示，約 30% 受訪者認為自己的工作壓力水平處於「高」或「非常高」的狀態。同時，報告亦發現工作壓力對身心症狀有顯著的影響，工作壓力愈大，愈多身心症狀；而工作壓力則對工作滿意度、生活質素、工作家庭平衡及家庭滿意度都有顯著的負面影響。

　　另一方面，近年來香港很多企業的僱員聘用模式亦出現了轉變，越來越多企業由以往的長期僱用制轉至以合約制聘請員工。而企業因環球經濟或業務表現等因素致不時重整架構，節流及裁員的情況也屢見不鮮。相對上一世代，現今上班族的工作穩定性或就業保障（Job Security）較低，突如其來的失業並非罕見。凡此種種進一步增加了我們的工作壓力源。

　　在香港，工作壓力大是一個頗普遍的情況，我們分分秒秒都有機會面對不同的壓力源。當你遇到工作壓力時，你有否用心覺察這些壓力源對你身心的影響呢？請記着，覺察壓力源及其影響是成功管理工作壓力的第一步。誠邀各位讀者，花一點時間檢視你的工作現況，我們會於稍後的章節與你分享管理工作壓力的秘笈。

5.2 對壓力的愛與恨

壓力,作為一個與我們息息相關的東西,但我們對壓力的認知到底有多少?到底甚麼是壓力?根據精神健康基金會,壓力是「一種不堪重負或無法應付精神或情緒壓力的感覺」。我們經常把壓力、緊張、擔心等混為一談,但其實壓力可以引起種種不同的情緒,包括緊張、擔心、焦慮、煩燥、害怕、憤怒等等。而壓力的來源對每個人也不一樣,甚至有些人其實喜歡壓力!

 ## 壓力是動力之源

大部分人可能會不解為甚麼會有人喜歡壓力,亦覺得壓力不足好束西。但其實壓力可以是一個很好的動力來源!心理學家羅伯特·耶基斯和約翰·迪靈漢·多德森(Robert Yerkes and John Dillingham Dodson)在 1980 年發現了壓力和表現好壞的關係:壓力和表現差並不是一個簡單的直線上升的關係。這個「耶基斯——多德森定律」(Yerkes – Dodson Law)發現,當你達到壓力的頂峰,你的表現亦會同時達到高峰。簡單來説,當你處於一個適量和可以應付的壓力程度,你自然就會發揮得最好。

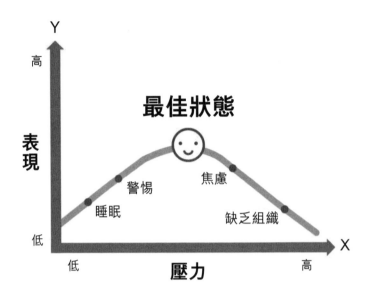

上圖顯示，壓力和表現好壞的關係。Y 軸代表工作表現的好壞，X 軸代表壓力。當壓力低，甚至沒有壓力時，表現也未必在最好的狀態。原因是壓力不足，比如做一些較簡單的工作，像數據輸入之類的常規工作，感覺上好像沒有特別需要花精神或腦力去做，只會用最低的努力去完成。當開始有少許壓力時，表現會稍為增進，比如要處理一些簡單的問題時，有些許難度，但又未至於需要花很多的精神。當有一定壓力時，例如你需要在兩週內完成一個具挑戰的項目；雖然這個時限有點緊迫，但你感到心跳有點加速，精神高漲，準備就緒，這就是對你來説最佳的壓力水平。當壓力繼續上升，緊張的感覺隨之而來，反而會開始影響你的表現。例如當你正在處理三個項目，突然上司多給你兩個項目，令你感到少許措手不及；而壓力再次上升時，表現會加倍下降，因為這時壓力已經達到一個難以控制的程度。

視壓力為一項有價值的挑戰

適當的壓力是很有幫助的。除了能提升表現之外，壓力還有以下幾個好處：

保持敏銳狀態

這是一個最基本的求生技能。假設我們完全不留意身邊的事情，我們很可能會發生意外。

產生「神經可塑性」

我們的大腦其實是可延伸的，意思是指大腦會跟隨我們的經歷而改變。研究指出，間中的壓力可以幫助我們學習。兩名心理學家 Kaufer 和 Kirby，將實驗老鼠暴露於數小時的中等壓力下。起初，壓力似乎對老鼠沒有影響，但是兩週後，在反覆暴露後，牠們的大腦發展了新的神經聯繫，從而改善了牠們在記憶力測試中的表現。

增強免疫力

美國的一項研究，遭受各種壓力的老鼠還顯示出其血液中對抗感染的白細胞更多。適當的壓力對維生其實有一定的作用。當你讀完以上壓力對身體的好處，亦相信壓力對身體有相當的好處時，你的身體會有所改變嗎？2013 年，美國研究員 Alia Crum 和她的同事將一家國際金融機構的 400 名員工分成兩組，並向

每個組別展示一系列有關壓力的視頻，其中一個系列將壓力描述為使人衰弱；另一個系列則將壓力描述為使生活更好。員工看了「使生活更好」的視頻後，他們的生產力和幸福感得到提升。所以只要我們能夠將壓力視為一項有價值的挑戰，它就能提供我們發揮潛能所需的刺激。

自行測試你是否壓力爆煲

　　壓力過大會對身體造成傷害。我們可以從甚麼途徑知道自己的壓力水平呢？建議大家可多加留意身體的反應、生活習慣的改變以及情緒的變化。

身體上的反應

　　身體是最誠實的。當你受到壓力時，身體會用不同的方法告訴你開始受不住。每個人的身體反應也不一樣，所以要留意自己有壓力的時候，身體會怎麼反應。

- 心跳加快
- 血壓上升
- 呼吸變得急速甚至喘氣
- 面紅耳赤
- 頭痛
- 肚痾、便秘、胃痛
- 食慾不振
- 肌肉繃緊
- 皮膚變差（暗瘡增多，油脂不平衡）
- 容易生病
- 女士經期不定（月經早或遲到，流量不正常地多或少）

生活習慣的改變

- 睡眠質素下降
- 難以入睡
- 攝取零食，酒精，甚至藥物的傾向增強
- 與身邊的人關係變差

情緒上的反應

- 容易變得暴躁、生氣，甚至憤怒
- 情緒變差
- 做任何事也沒有心機
- 覺得生活上沒有值得開心或高興的事情

假如你有很多以上的症狀，請尋求心理學家或社工的協助，而以上的症狀也會隨着壓力的水平和時間增長。當你的身體長期受壓時，而以上的症狀亦會變得更明顯；所以當你感到壓力開始受不住的話，記緊要及早處理！

5.3 壓力與我

我們每個人都會經歷不同的工作狀況，而同一工作相關事件對我們所帶來的壓力程度又有所不同，正如諺語所說「甲之蜜糖，乙之砒霜」。我們生而獨特，面對工作壓力時的反應會因着個人特質，如成長背景、性格、對事物的看法等因素而大相逕庭。

受壓能力視乎個人思維及性格

個人特質與所能承受壓力的程度、以及面對壓力時的反應之關係可謂錯綜複雜。例如遇到壓力時所得到的親友支援、當時所掌握的抗壓技巧、壓力事件的持續性等因素都會影響到壓力對我們的影響。不少心理學的研究顯示，某些個人傾向會影響我們評估壓力的嚴重程度及對我們帶來的結果。以下是一些較為普遍能影響我們對壓力事件的詮釋、反應及感受的個人思維特質及性格傾向：

堅毅性格（Hardiness）

心理學家 Suzanne C. Kobasa 於 1979 年提出「堅毅性」的人格特質概念，其後經過多年來學者們多項的研究，發現「堅毅性」較強的人，當遇到「壓力事件」時，會較傾向採用積極的思維及方法來應對壓力，例如會重新檢視及重構壓力事件，並將之視為機會而非威脅，繼而減低壓力對自身負面的影響。以下

是擁有較強「堅毅性」的人同時擁有的 3 項特質，簡稱 3C，當中包括「承諾」（Commitment）、「控制」（Control）及「挑戰」（Challenge）：

承諾（Commitment）

願意作出承諾專注、投放時間及心思與身邊的人、事、物建立關係，從中尋找意義。投入生活，而非與之保持距離。

控制（Control）

在人生的歷程中，會努力地嘗試掌控不同的遭遇及所帶來的影響，而非被動地或無力地等待事情的發生。

挑戰（Challenge）

擁有持續從經驗中學習的心態，無論當中的經歷是正面或負面。同時，遇到難關時，會視之為挑戰或機會，而非威脅。

控制信念（Locus of Control）

心理學家 Julian B. Rotter 於 1960 年代提出「控制信念」這概念，是指個人對人生或生活狀況的控制度，及其個人行為與事件結果之間的關係的看法。當中分為「外在」及「內在」控制信念。持有「外在控制信念」（External Locus of Control）傾向的人會較相信人生中經歷的事情及其結果都是命運所安排，完全不受個人行為所掌控。相反，持有「內在控制信念」（Internal Locus of Control）傾向的人則較為認為自己是可以操控人生的遭遇。

第 5 章一職奴篇

例如一位持有「外在控制信念」傾向的打工仔會較認為升職加薪是不受自己控制，成功的原因全靠他人的協助，如上司及同事或幸運之神所眷顧，與自己的能力絕無關係；而傾向認同「內在控制信念」的人則會認為憑着自己的才能及努力，是可以闖出一番事業及成就。

心理學家曾進行大量有關「控制信念」與「工作壓力」相關的研究，大部分的結果顯示「控制信念」與「工作滿足感」、「工作壓力」有顯著的關係。持有「內在控制信念」傾向的人會有較高的工作滿足感、感受到較少的工作壓力及較少發生身心症狀。

A 型性格（Type A Personality）

於 1950 年代，心臟科醫生 Meyer Friedman 及 Ray H. Rosenman 進行了一項有關性格及心臟病關係的研究，結果發現，擁有某類型行為傾向的人患上心臟病的風險較高，並將此行為傾向名為「A 型性格」。A 型性格傾向的人擁有的行為特質，包括：強烈的競爭心態及成就取向、強烈的時間緊迫感、沒有耐性、易生氣及易有敵意。

建基於 Meyer Friedman 及 Ray H. Rosenman 的學說，學者們其後作出了很多有關 A 型人格及工作壓力相關的研究。普遍來說，A 型性格傾向的人對壓力源會有較強的生理及心理反應，他們會於職場上較易感受到壓力及其對身心的影響。

　　多了解個人特質及壓力的關係有甚麼好處？或許，你可先嘗試回顧自己以往遇到壓力時，常見的典型反應，然後檢視並思索一下這些反應跟你的個人特質是否有相關性。進一步，我們可以因應自己的狀況，學習一些適合自己，簡單而有效的方法去減低壓力對我們的負面影響，提升抗壓能力及身心健康。

5.4 逆境生存術

當壓力「來襲」，到底可以怎樣有效地管理壓力呢？以下會從三個角度去拆解：救火式的即時壓力處理、可持續的有效壓力管理和建立從壓力中反彈的能力。

救火式的即時壓力處理

以下的情景，你試過嗎？鬧鐘雖然響過但賴了床，趕頭趕命去追巴士，到達巴士站時上一班車剛剛離去。幸好截到的士，上車5分鐘後竟然塞車。這時電話響起來，正是你的上司。早上10點剛好要跟高層開會，現在時間是9點48分，而公司絕對不是在10分鐘之內可以到達的範圍……這時的你心情可能非常緊張，有點不知所措，呼吸急速，手心冒汗……

相信以上的情況大家或許經歷過，又或者是另一類情景，但令你有同一種感受。這時，我們可以使用一些「救火式」的方法去令自己先冷靜下來。如果不幸突然發生很大壓力的事情，可以試一試以下的方法：

深呼吸

最簡單的方法就是先控制自己的呼吸。用鼻子深呼吸，慢慢數着從1到4。然後用口慢慢呼氣，數着1到6。維持這個呼吸拍子大概幾分鐘便可以即時減低緊張感。

靜觀

留意自己當下這刻的感受。盡量以非批判的方式去覺察身體的感受，又或是身體的反應。靜觀可以令我們把注意力放回自己身上，從而把思想和行動之間的距離增大。這亦可以減低我們作出衝動的決定。

假如你有多一點時間，可以試試以下的方法：

- 跟較熟悉的同事傾訴：工作環境有壓力是少不免的，而研究指出在工作環境內如果有較談得來或熟悉的同事甚至朋友，對減低壓力是非常有效的。假如沒有特別相熟同事，也可以和工作圈子以外的朋友談天或傾訴。很多時我們把心事說出來以後已經會好過一點。

- 享受自己一個人的時間（MeTime）：假如你是一個比較內向的人，獨處的時間對你來說是非常重要的。當你發覺生活不斷增加壓力來源，你最需要的可能是一個人靜下來，休息一下，為自己充電。

可持續的有效壓力管理

壓力是會慢慢堆積起來的。在壓力還未「爆煲」之前，就要好好爭取時間去處理壓力，而方法就有以下的不同種類：

自我反思

了解自己　你是比較容易受刺激？還是承受壓力的能力比較高？了解自己有多容易受到壓力的影響對你管理壓力是非常有幫助：當你開始面對壓力時可以開始避免，甚至開始減壓的活動從而盡量避免長期處於壓力底下。

了解壓力來源　每個人的壓力來源也不一樣。趕不上巴士對有些人來說可能是一個壓力來源，而對某些人來說並不是一回事。要得知自己的壓力來源先要了解自己甚麼時候感受到壓力，然後記下受壓時有沒有共通點。例如，嘈吵的環境或很多的期限，又或是來自上司或同事的壓力，甚至是自己的胡思亂想。當你了解甚麼會令自己感受到壓力時，就可以盡量去避免。

情緒日記　每個月，甚至每個星期可以抽半小時，甚至一小時寫下自己的情緒起伏。這是一個很簡單的方法，也可以串連以上兩個方法一起做。

感恩日記　研究指，每天寫下三個值得感恩的事情，對心情有莫大的幫助，也是一個很簡單的方法去維持心境開朗。

從身體開始

定期休息　即使工作有多忙也要定期休息，包括每 60 至 90 分鐘的專注工作後休息 5 至 10 分鐘，定時進食，定期放假。有人會覺得工作很忙，沒有時間休息，但其實休息反而會令生產力提高。

散步　當你坐在辦公室一段很長的時間,在公司樓下走個圈,散步約 10 至 15 分鐘,有助促進血液循環。

定期運動　運動可以增強免疫力,令身體變得更強壯。除了對減壓非常有效之外,運動時釋放的多巴胺亦可帶給我們開心的感覺。

從食物入手　多種不同的食物對減低壓力的效益是不可少看的,包括:果仁、含有豐富 omega-3 的魚類、雞蛋、黑朱古力、綠茶、洋甘菊、牛油果、含有豐富維他命 C 的生果等。

睡眠時間和質素　除了盡量保持每晚約 7 至 8 小時的睡眠之外,睡眠的質素也很重要。睡得好的話,時間短些也可以;但睡得差的話,無論睡多少也會覺得很累。臨近睡覺前,應減少攝取茶,咖啡和酒精。睡覺前做些簡單的拉筋也會有幫助。

從內心出發

定下目標　你知道自己人生的目標嗎?有想過工作是為了甚麼嗎?當我們釐清人生的目標是甚麼時,就會感到頭上的烏雲慢慢離開的感覺。要了解自己的人生目標是甚麼,最好的方法就是自我反思。你可以透過寫日記,或者和朋友作較深入的交流討論。嘗試回想一下做甚麼的時候會感到「快樂不知時日過」?對你來說甚麼是最重要的?

換框法　同一件事可以令某些人感到壓力,但對其他人來說可能完全無關痛癢。原因是我們用不同角度和觀點去看待這件

第 5 章一職奴篇

事，從而把事情賦予不同的意義。所以只要我們改變想法，便改變對壓力的看法。這在心理學上叫做「換框法」（Reframing）。例如把困難或挑戰視為機會或學習時機。

建立從壓力中反彈的能力

除了靠自己外，遇到壓力時，亦可尋求外界的協助。

- 大部分公司也有「僱員支援計劃」，給予有需要的員工使用。例如壓力很大，想找人傾訴，經歷人生大事的時候等，就可以使用這個服務去釋放壓力，尤其是如果覺得尋找專業協助的支出較大時，這是一個很不錯的選擇。

- 當壓力爆煲的時候，認真考慮尋求專業的協助，例如心理學家或者輔導員。很多人對看心理學家有所忌諱，但其實看心理學家跟生病時去看醫生的道理一樣：當情緒受到困擾時我們也需要找心理學家的幫助，去解開心結。

5.5 新時代工作模式的生存秘笈

隨着科技發展，例如雲端運算、人工智能、大數據、數碼化的廣泛應用、以及突如其來的新型冠狀病毒肺炎疫症等因素，導致我們的工作模式以及企業對員工技能的要求都出現了顯著和急速的轉變。

工作與生活平衡的新常態

普遍來説，以往企業會要求員工到固定的辦公室工作，轉變到現時容許，甚至提倡的「混合工作模式」（Hybrid Working Mode），即是間歇性的在辦公室工作及遙距，或在家工作。在大勢所趨的情況下，這已是一種新常態。

對員工來説，遙距工作比起傳統的工作模式無疑是節省了上班及下班的交通時間。但同時，也減低了工作伙伴間的實體、面對面接觸及溝通的機會，影響同事間在工作上的社交及情緒支援。此外，由於網上辦公工具的普及化，員工可以隨時隨地透過手機、電腦來處理工作；若果處理不好，也有機會使工作及作息的分界變得含糊，工作生活平衡的理想看似更難實踐，有機會影響我們的身心健康。

第 5 章一職奴篇

要有「轉變」的心理準備

根據世界經濟論壇（World Economic Forum）於 2020 年發表「The Future of Jobs」報告指出，預計於 2025 年前，大量現時依靠人手或重複性的工作，例如數據輸入員、工廠生產線員工等，會被自動化所取代。同時，一些新興的工種，如人工智能專員、市場數碼及策略專員等的需求則有上升趨勢。

報告指出，隨着科技的發展，受訪的企業預計未來數年對員工所擁有的技能要求都有所不同。報告列出企業認為直至 2025 年，員工需要具備的首 15 項技能，當中包括了技術性的技能及自我管理技巧等範疇。排行首位的是「分析力及革新」，而「主動學習」及「復原力、抗壓力及靈活性」則分別排行第 2 及第 9 位。

作為打工仔，可以透過此報告預視未來數年企業對人力市場的需求及員工的期望。誠然，各位讀者現時的工作狀況及從事的工種都有所不同，但是我們都處身於一個工作環境及要求變化急速的新時代。這意味着，我們要有「轉變」或跳出「舒適區」的心理準備，好讓我們當遇上工作上突如其來的變化時，不會感到過分的徬徨及驚訝，這亦呼應了「The Future of Jobs」報告指出企業期望員工能擁有「抗壓力」——即是面對及處理壓力的技巧。

「HERO」特質提升工作滿足感

雖然我們沒有可能掌控工作上所有的事情，例如環球經濟狀況、公司人事變動等，但是我們着實可以透過以下的「HERO」秘笈提升自己的抗壓力。Fred Luthans 等學者於 2000 年初提出「心理資本」（Psychological Capital）的概念，意指個人在成長

的過程中展現的積極心理狀態。當中包括四大原素，分別是「希望」（Hope）、「自我效能」（Efficacy）、「復原力」（Resilience）及「樂觀」（Optimism），而這些特質有助提升工作滿足感，工作表現及減低工作壓力，我們亦可透過以下不同的方法來提升自己的「HERO」。

希望（Hope）

有很強大的動力及意志去達成目標，對目標鍥而不捨。如有需要，會調整目標的途徑和方法。

＊提升貼士：符合「SMART」原則

在日常生活或工作中，可嘗試想像你會作出甚麼行動去達到目標，在進行想像或計劃時，把複雜及巨大的目標拆細。請謹記，一個有效的目標計劃應要符合「SMART」原則，即是你所定立的目標計劃應該要「明確的」（Specific）、「可測量的」（Measurable）、「可達到的」（Achievable）、「切實可行的」（Realistic）及「有完成期限的」（Time-bound）。

自我效能（Efficacy）

面對挑戰時，對自己有信心，並相信憑着努力，可以跨過挑戰及得勝。

＊提升貼士：回想所做過的成就

可嘗試回想過去於人生或工作中，憑着自己的信心及努力，而成功完成或達到目標的事件，並仔細想想你在當中做了甚麼成就。然後，好好記着這感受，告訴自己你是有能力的。

復原力（Resilience）

當遇到逆境或困難時，能迅速恢復過來，超越原來的自己，並繼續向前行。

＊提升貼士：學習接納現實

學習接納一些不能改變的狀況，面對現實，不要糾結於一些已發生的事情。同時，學習領受當中的意義，並想想在這現實中，你可以做甚麼。

樂觀（Optimism）

面對現在及未來抱持正面期待的信念。當獲得成功時，會傾向把成功的原因歸因於個人的、持久的及普遍的原因。

＊提升貼士：多感受生活中的正面

可嘗試重新建構經歷（Reframing），如你察覺自己平日多從負面角度看事情，可多點嘗試在日常生活中，練習配戴「正面的眼鏡」，當遇到不順心的事或逆境時，感受當中一些正面的得着。

例如，上司突然要求你參與一項並非你擅長的工作項目，你感到很擔心及不安，這是可以理解的。但如果你嘗試從另一角度去詮釋此事，這其實是一個讓你擴闊工作範疇的好機會，有助你長遠的事業發展。當然，我們所說的樂觀並不是盲目式的樂觀，只沉醉於幻想中，以為只要有樂觀的心態，即使放手甚麼都不顧，也萬事可成。

　　我們除了要抱持樂觀的心態，同時，亦要確切認清當下的狀況，作出相應行動去達到目標。應用於上述例子，當你知道要處理一項你不擅長的工作項目時，除了要保持樂觀外，也要想想該怎樣做才可以有效地完成工作，例如主動向前輩請教。此外，平日多數算恩典，記下值得感恩的大小事情，也可提升我們樂觀的心態。

　　我們每個人都會經歷工作順景及逆境，大家可以嘗試練習以上的「HERO」秘笈，提升自己在變幻莫測的新時代下工作的生存技巧。請謹記，保持「身心健康」是我們在漫長的工作歷程中生存的不二法門，並有助我們從中享受工作所帶來的滿足感及樂趣。

小結 學習化壓力為動力

　　活在現今社會，種種不可控制的東西自然會帶來一定的壓力。每個人的本質和承受壓力的能力也不同。重要的是了解自己的性格傾向和壓力來源，知道自己受壓時的反應，學懂怎樣去面對壓力。壓力不一定是件壞事，有時壓力反而對我們很有用。只要我們學懂怎樣去化壓力為動力，生活可以更加輕鬆更加容易。要管理壓力，除了從身體上開始，也可調節心理和內心，和建立反彈力去抗壓！隨着時代的轉變，身邊的環境，工作模式等等也不停地改變，只要口袋中有幾款小貼士定能助你一臂之力，再多的改變或壓力也不怕！

公司選才絕密

撰文 茶建中
余芷晴

相信大家都曾應徵工作並參加過面試。但是，為何你被現在的公司聘用，而沒有被你曾應徵的其他公司聘用呢？你知道僱主在評估你的甚麼質素嗎？

1 你是「最優秀」，但卻不是「最適合」

你可能想知道，為何明明自己擁有應徵職位所需的所有資格和經驗，也在面試中給考官留下良好印象，但最終卻沒有得到你所申請的那份工作。這是因為──你可能是「最優秀」的應徵者，但卻不是「最適合」的人選。

✔ 符合「硬性」要求以外的要求

雖然你在學歷、技能和工作經驗等方面滿足到所有「硬性」要求，但在公司文化、管理風格或做事方式上，你可能不「適合」僱主在其特定行業中的行為風格。例如，某君是消費品公司營銷經理的「最優秀」人選，但可能並非「最適合」一家為企業提供專業服務的律師事務所。因此，僱主會考慮你的條件及與公司的整體契合度。

你可以仔細研究招聘廣告，了解僱主在「硬性」要求之外所重視的質素。招聘廣告中通常會有一些說明，暗示他們正在尋找甚麼樣的應徵者，例如自我推動力強、勤奮工作、善於團隊合作、注重細節、享受節奏快的環境等。

如果能夠與正在或曾在該公司工作的人交談，那就再好不過。你也可以與處於同一行業的人交談，他們可能對這個競爭對

手有所了解。有些公司的內部情況，與其透過宣傳或廣告向公眾投射的形象，可能並不相同。

招聘選拔程序知多啲

僱主對應徵者進行甄選，主要是為了評估他們是否具備勝任某工作的能力、技術和經驗，以及是否能夠適應公司的文化。有些公司會選用適當的評估工具，而有些公司則選擇透過面試和「觀察」應徵者等方式。但更重要的是，僱主正在評估應徵者對工作的「適合度」，並試圖「預測」應徵者是否能夠在被聘用後出色地完成工作，融入公司文化。

在工業與組織心理學中，我們將這種預測能力稱為「效度」（Validity）。如果公司聘用的大多數員工都能夠勝任工作，說明選拔過程的效度高；但如果聘用的大多數員工由於種種原因不能妥善地完成工作，說明選拔過程的效度較低——這對員工和公司都無好處。一般來說，選拔過程愈嚴謹、愈全面，選拔過程的效度就愈高，員工「適合」所應徵工作的機率也就愈高。

研究發現，富深度和結構化的選拔過程對應徵者和僱主都有利，因為它能確保應徵者適合該工作，同時也為應徵者提供了體驗該僱主的公司文化和做事方式的機會。以上這些都有助增加應徵者在工作中表現出色的機率，對員工和僱主都是雙贏的局面。

附錄一　公司選才絕密

選拔中實際評估的是甚麼要素

為了對應徵者進行最全面的評估，僱主可能會考察應徵者的基本認知能力、性格或行為風格、工作動力、工作知識和技能、以及實踐經驗。

認知能力

這是為了評估應徵者在分析訊息和邏輯思維的能力，包括對數字數據、書面訊息、圖形和圖表等的分析能力。

性格或行為風格

這是為了評估應徵者偏好的工作風格，以及他與公司文化的「契合度」。例如，僱主希望了解應徵者偏好團隊工作還是獨立工作；擅於處理工作的細節，或思考更廣泛的概念等。

工作動力

工作動力評估能反映應徵者的動力來源，以及是否與公司所能提供的相匹配，例如自主、認可、自我成就、挑戰性等。

知識和技能

僱主也會考察你是否已經透過正規培訓，或在工作中學習了完成該工作所需的基本知識和技能。

實踐經驗

這是評估應徵者是否在真實的工作中應用了特定的知識和技能。例如，與新晉工程師相比，經驗豐富的工程師在解決問題時會做得更好；皆因有經驗者處理過很多實際問題。

以勝任力為本 的選拔方法

越來越多公司採用勝任力為本的人力資源管理方法，包括人才招聘和選拔方面。甚麼是勝任力為本的人才選拔方法呢？

 ## 如何透過工作來取得目標

勝任力是使員工能夠完成工作的一組技能和行為。它定義了員工「如何」執行工作以取得目標成果（How）。我們經常聽到的 KPI 或業務目標定義則是員工應該實現「甚麼」（What）。

假設一家公司有兩個銷售團隊，由兩位銷售經理 A 和 B 分別帶領。A 設定不切實際的高目標，公開批評和羞辱未達標的成員，不信任團隊。B 則讓團隊參與設定目標並激勵團隊挑戰自我，與團隊一起慶祝取得的成就。

從以上例子，你可以看到兩位銷售經理都完成了銷售目標，但他們使用了非常不同的行為來實現。而「如何做」就是我們所說的勝任力。

勝任力	定義
工作主動	對待工作認真負責，主動要求承擔新的任務，並以高質素完成。
迎接挑戰	不拘泥於傳統，主動探索有益於工作的新方法，並在工作中推廣應用。
客戶導向	積極與客戶溝通、了解其需求，並根據公司標準向客戶提供承諾。
問題分析	對於任務中最關鍵的風險有卓越的判斷力，並能釐清潛在風險對完成目標的影響。
追求成果	在艱難的情況下依然表現出堅定的決心，為取得高質量的優異成果竭盡全力。
不斷改進	時刻以尋求改進的角度來審視當前的工作，找尋提升工作效率的機會；對工作流程不合理的地方能提出改進方式，並説服其他人考慮和使用新的方法和程序。
有效溝通	主動與人溝通，表達清晰明快；溝通過程中主動徵求他人意見。
合作精神	能與同事建立良好的人際關係，促進團隊形成積極和睦的氛圍。

III 各式選才方法 的秘密

如果要測量某些生理特質，是很容易做到客觀標準。但想像一下，如果要測量心理屬性如性格、價值觀、人際技巧、領導才能呢？

 甚麼是心理測評工具？

過去幾十年來，心理學家設計出不同的心理測評工具，嘗試客觀地量度主觀的心理和行為屬性。現時市面通行的心理測評工具包括：能力傾向測試（Aptitude Test）、性格問卷（Personality Questionnaire）、工作動力問卷（Motivations Questionnaire）等。公司在招聘選拔時，為了測量和工作表現有關的心理和行為屬性，也會使用這些工具。

能力傾向測試

大量研究證明，認知能力可以有效預測一個人的工作表現，所以能力傾向測試是十分常用的招聘測試工具。政府公務員的綜合招聘測試（Common Recruitment Examination, CRE）正正就是例子之一。

1. **練習，練習，練習。**隨意在網上搜索一下，你已經可以找到大量免費的練習題目。你亦可以瀏覽提供各類測試評估產品的公司如 SHL，Korn Ferry，Cubiks / PSI，Aon等，他們的網站上也會提供免費的練習題目。

2. **準備你最熟悉的器材工具。**如自己慣用的電腦、計算機等。

3. **不要執着答題數量。**能力測試的設計精密，能因應求職者的能力去調節題目難度。所以，在限時內完成多少題目，和你的能力不能直接掛勾。

性格測試

性格問卷也是不少公司常用的測評工具。和工作有關的能力要求，一般可以連繫到某些性格特質，例如，銷售員需要主動接觸客人，和這個能力要求相對應的性格特質會是「外向」的程度。在招聘的過程中，使用性格問卷了解應徵者的外向程度，就可以推測應徵者主動和客人建立關係的能力。

應對的三大秘訣

1. **不要嘗試去偽造結果。**偽造性格問卷的答案是難度甚高的。如果你這樣做，答案通常會變得前後不一致，嘗試「出貓」的結果是弄巧反拙。

2. **不要想太多。**性格問卷並不限時，但我們建議你信賴你的第一直覺去作答，不要花時間多想。

3. **代入工作場境去回答問題。**在不同情況下，我們展示出來的性格傾向可能會有些不同。

情境判斷測驗

在情境判斷測驗（Situational Judgment Test）中，求職者會看到一個又一個工作情境。而在每一個工作情境裏，它都會列出幾個不同的處理方法，然後要求你回答不同問題。

應對的三大秘訣

1. **仔細閱讀問題**。情境判斷測驗有五花八門的設計，例如要求你選出最佳處理方式、要求你對每一個選項作出評分……謹記要仔細閱讀每一條題目的要求。

2. **做功課**。這裏説的功課，不是題目練習，而是和該公司的員工或正在做類似職位的人傾談，多了解你應徵的職位的要求等。

3. **做自己**。我們多次強調情境判斷測驗並沒有絕對的答案，故應試時其實不用過分思考，用自己最真實的答案就可以了。

勝任力為本面試

勝任力為本面試的設計前提是，你以往的行為表現，是最能預測你未來的行為表現。

應對的三大秘訣

1. 了解工作的勝任力要求，仔細回顧自己的相關經歷。

2. 用 CAR（Circumstance, Actions, Results）模式去預備答案。用「情境、行動、結果」模式去分享你的經歷。

3. 做足準備，但不要過份準備。做足準備去講述你的故事，但不要過分背誦你的講稿。

情境模擬練習

顧名思義，情境模擬練習是一些和職位有關的模擬情境和任務，如分析資料以制定商業策略、和下屬開會去激勵員工⋯⋯ 每一個模擬情境都會有清晰的評分標準，讓考官客觀地測評相關勝任力。

應對的三大秘訣

1. **了解自己的角色**。仔細閱讀所提供的資料，清楚了解自己在該情境中的角色、職級和職位。

2. **不要追求完美**。情境模擬練習的特色是時間太少而資訊太多。如果求職者執着於分析所有資料，時間一定不夠。

3. **輕鬆面對挫折**。在某一個練習表現不好，如果你耿耿於懷，就會把負面情緒帶到下一個練習，影響表現。

 # 招聘廣告實例示範

從下面的招聘廣告中，你可以看到崗位職責，列出該品牌經理職位的任務，應徵者可考慮自身是否有興趣承擔。僱主也在任職要求中表明怎樣的應徵者「最適合」。

招聘 品牌經理

崗位職責

1. 協助上司制定公司銷售戰略、市場營銷策略，並提出有效解決方案；
2. 協助建立和完善所轄區域的銷售管理制度，督導公司銷售政策的落實、各項制度的貫徹執行，對策略的落實情況和制度的執行情況負責；
3. 掌握市場動態，積極開拓市場，帶領團隊完成公司銷售目標；
4. 有效管理銷售資源及客戶群體；
5. 充分發揮樞紐作用，保障各部門的工作效率及整體發展。

任職要求

1. 10 年以上快速消費品行業工作經驗，熟悉市場情況；
2. 具有極強的統籌協調能力和領導能力；
3. 較強的市場分析、營銷、推廣能力，豐富的渠道和經銷商管理經驗；
4. 有敏感的成本意識及生意管理能力；
5. 良好的人際溝通、談判能力、分析和解決問題的能力；
6. 工作嚴謹、坦誠正直，工作計劃性強並具有戰略前瞻性思維。

上述招聘廣告列出了對這工作的不同要求，分析如下：

- 經驗：10 年以上快消品工作經驗；豐富的渠道和經銷商管理經驗。
- 知識：熟悉市場情況；
- 性格：工作嚴謹、坦誠正直；
- 專業能力：市場分析、營銷、推廣能力；敏感的成本意識及生意管理能力；
- 勝任力：極強的統籌協調能力和領導能力；人際溝通、談判能力、分析和解決問題的能力；工作計劃性強；戰略前瞻性思維。

選拔評審流程

根據上述職位要求，僱主使用以下選拔流程來評估應徵者是否適合該職位：

第一次面試，檢查應徵者的基本適合度

透過會面，評估應徵者在專業知識、技術技能和經驗方面是否符合工作的基本要求，並初步了解應徵者是否適合公司和團隊的文化。

能力傾向與性格測評

對符合要求的應徵者，僱主再邀請他們參加在線能力測試，評估他們的批判性思維能力，並進行性格測評。

情境模擬練習

經過能力測試和性格測評問卷後，符合要求的應徵者將獲邀請參加兩個情境模擬練習：

- 商業策略匯報：應徵者需要分析一家消費品公司的案例，綜合包括財務數據、市場情況、公司戰略等資料，然後製定策略來提高產品的市場份額和盈利能力，並提出如何優化團隊結構來支持該策略。然後，應徵者需要向扮演公司行政總裁的考官匯報該策略。➡ 練習主要評估統籌協調能力、分析和解決問題的能力、工作計劃性、戰略前瞻性思維等勝任力範疇。

- 員工輔導角色扮演：應徵者需要輔導公司的一名員工，他曾經是一名高績效員工，但最近犯了一些大過失。應徵者需要透過與該員工進行一次輔導會面來了解問題，並輔導該員工以改善工作表現。➡ 練習主要評估領導能力、人際溝通、談判能力等勝任力。

勝任力面試

人力資源經理和招聘經理共同與應徵者進行勝任力面試。這是為了透過應徵者過去在工作中的行為來進一步了解其勝任力水平。面試員還會參考應徵者的性格問卷結果，確認其行事風格和勝任力行為，看應徵者是否適合該職位和公司文化。

上述選拔過程是評估應徵者是否適合該工作的全面和嚴謹的例子。這個過程需要投入大量資源，因為它需要僱主投入時間和成本。但許多僱主願意採用這種嚴謹的人才選拔過程，以確保有足夠的效度。

小結　給求職者的實用忠告

當你要經歷不同的招聘和測評階段時，你可以：

- 多向該公司的人力資源部了解該職位的主要職責，以確保你「適合」該崗位的技能、經驗和勝任力等要求。如果可以，你還應該嘗試了解公司的文化，以確保它符合你的工作風格。

- 多詢問有關測評工具／階段的資訊，例如將會使用甚麼類型的工具、可否透露職位相關的能力要求、面試採用甚麼方式等。

- 向該公司的人力資源團隊主動索取回饋。完成任何類型的測評工具（性格問卷、面試、模擬練習等），你都可以主動詢問測評結果並尋求回饋，讓你更加了解自己的強項和有待改進的地方。

各章節作者名單

主編 / 內容統籌
黃仲遠

緒論
黃仲遠

第 1 章
蔡暉濠　關皓靈

第 2 章
陳曉翎　趙佩君　何嘉善
馬志光　伍偉諾

第 3 章
陳澄輝　馮慧賢
文芷茵　鄧思衡

第 4 章
賴綺雲　謝建璋　黃子健

第 5 章
婁敏華　李芷恩

附錄
余芷晴　余建中

調教你職場伙伴

管好老闆到下屬的
22 個心理致勝實錄

主編
黃仲遠

責任編輯
嚴瓊音

裝幀設計
鍾啟善

排版
辛紅梅

出版者
萬里機構出版有限公司
香港北角英皇道 499 號北角工業大廈 20 樓
電話：2564 7511　　傳真：2565 5539
電郵：info@wanlibk.com
網址：http://www.wanlibk.com
　　　http://www.facebook.com/wanlibk

發行者
香港聯合書刊物流有限公司
香港荃灣德士古道 220-248 號荃灣工業中心 16 樓
電話：2150 2100　　傳真：2407 3062
電郵：info@suplogistics.com.hk
網址：http://www.suplogistics.com.hk

承印者
中華商務彩色印刷有限公司
香港新界大埔汀麗路 36 號

出版日期
二〇二一年十二月第一次印刷

規格
特 32 開（213 mm × 150 mm）